国家社科基金
后期资助项目
GUOJIA SHEKE JIJIN HOUQI ZIZHU XIANGMU

生育保险与职工基本医疗保险合并实施问题研究

Research on the Implemention
of the Combination of Maternity Insurance
and Basic Medical Insurance for Employees

周绿林　著

南京大学出版社

图书在版编目(CIP)数据

生育保险与职工基本医疗保险合并实施问题研究 /
周绿林著. — 南京：南京大学出版社，2023.11
  ISBN 978 - 7 - 305 - 26219 - 7

  Ⅰ. ①生… Ⅱ. ①周… Ⅲ. ①生育保险－保险管理－
研究－中国②基本医疗保险－保险管理－研究－中国
  Ⅳ. ①F842.684

中国版本图书馆 CIP 数据核字(2022)第 203439 号

出版发行　南京大学出版社
社　　址　南京市汉口路 22 号　　　　邮　编　210093
书　　名　**生育保险与职工基本医疗保险合并实施问题研究**
　　　　　SHENGYU BAOXIAN YU ZHIGONG JIBEN YILIAO BAOXIAN HEBING SHISHI WENTI YANJIU
著　　者　周绿林
责任编辑　余凯莉

照　　排　南京南琳图文制作有限公司
印　　刷　苏州市古得堡数码印刷有限公司
开　　本　718 mm×1000 mm　1/16　印张 12　字数 216 千
版　　次　2023 年 11 月第 1 版　2023 年 11 月第 1 次印刷
ISBN 978 - 7 - 305 - 26219 - 7
定　　价　68.00 元

网　　址　http://www.njupco.com
官方微博　http://weibo.com/njupco
官方微信　njupress
销售热线　(025) 83594756

国家社科基金后期资助项目
出版说明

后期资助项目是国家社科基金设立的一类重要项目，旨在鼓励广大社科研究者潜心治学，支持基础研究多出优秀成果。它是经过严格评审，从接近完成的科研成果中遴选立项的。为扩大后期资助项目的影响，更好地推动学术发展，促进成果转化，全国哲学社会科学工作办公室按照"统一设计、统一标识、统一版式、形成系列"的总体要求，组织出版国家社科基金后期资助项目成果。

全国哲学社会科学工作办公室

前　言

新中国成立以来,党和政府不断采取措施完善我国的生育保障体制,1994 年建立了生育保险制度。多年实践证明,生育保险制度总体运行平稳,为维护女性平等就业权益、均衡企业负担、保障职业妇女生育期间基本生活和身心健康起到了重要作用。然而,伴随"全面二孩"及"三孩"生育政策的实施和人口老龄化速度的增快,我国生育保险制度在运行中逐渐暴露出一些问题,如覆盖范围有限、基金赤字及与基本医疗保险之间存在费用交叉等。为解决这些问题,切实保障生育妇女的基本权益,《中华人民共和国国民经济和社会发展第十三个五年规划纲要》(以下简称《"十三五"规划纲要》)及《国务院办公厅关于印发生育保险和职工基本医疗保险合并实施方案的通知》(国办发〔2017〕6 号)明确提出将生育保险和职工基本医疗保险合并实施(简称两险合并实施)的任务。但从多个城市的实践经验,以及项目负责人全程参与的 12 个试点城市之一———泰州市的两险合并实施方案拟定及试点评估工作过程看,两险合并实施在运行管理和基金可持续等方面仍存在一些问题。

基于此,本研究以正处于合并实施过程中的生育保险制度和职工基本医疗保险制度为研究对象,通过对两险合并实施现状及实施效果的分析,建立能够对两险合并实施效果进行跟踪评价的综合性指标体系。同时,通过构建动态的社会保险精算模型,对两险合并实施后的基金可持续性进行全面评估和预测,最后提出推进两险合并实施及实现可持续发展的优化路径和策略。主要研究内容包括以下六个方面:

(1)两险合并实施的关键影响因素及其机制研究。在阐释两险合并实施必要性的基础上,通过分析影响两险合并实施尤其是影响基金收支运行的关键因素,剖析两险合并实施的具体机制,构建研究的理论框架。

（2）两险合并实施现状分析及比较研究。首先，从生育保险和职工基本医疗保险制度的发展历程入手分析两险合并实施的历史原因和具体过程；其次，在对当前我国两险合并实施现况分析的基础上，分别选取部分试点城市和非试点城市就两险合并实施的现状进行具体分析，内容包括各城市的主要做法、取得的经验和存在的不足等；最后，结合实际挖掘两险合并实施过程中存在的关键共性问题并分析其原因。

（3）两险合并实施的实时效果评价研究。在前述对两险合并实施历程、现状及其关键问题进行分析的基础上，以国家确定的 12 个试点城市中的泰州市为例对两险合并实施的实时效果进行评价。该部分主要包含两方面内容：一是基于政策分析及评价相关理论，就试点城市对国家颁布的指导性方针政策的贯彻落实情况，以及上下级政策之间的"目的—目标—措施"匹配程度进行具体分析；二是从实践层面出发，通过对泰州市两险合并实施的主要做法及特色的梳理分析，结合数据，对该市两险合并实施的实时效果进行综合评价。

（4）两险合并实施效果的跟踪评价研究。在前文对两险合并实施实时效果进行评价的基础上，通过构建科学的综合性评价指标体系对部分试点和非试点城市的两险合并实施效果进行进一步的追踪评价。具体来说，针对这一部分的研究，要先通过多轮的专家咨询和访谈确定评价指标体系和各项指标权重，而后结合经济发展水平、地理位置及两险合并实施的具体情况等多种因素，选取泰州市为样本进行综合分析，以跟踪评价两险合并实施的持续性效果。

（5）两险合并实施的可持续性研究。基金可持续是制度可持续的经济基础和根本保障。在对试点和非试点城市两险合并实施现状进行分析的基础上，通过构建动态的社会保险基金精算模型和人口预测模型，对一定期间内两险合并实施后的基金筹集、支付和结余情况进行预测和评估。具体来说，这一部分先以泰州市为例，从微观层面对两险合并后基金运行的具体情况进行分析；而后，进一步将前述构建的精算模型运用到全国，从宏观层面分析影响两险合并实施后基金可持续性的关键问题。

（6）两险合并实施的优化路径和策略。为推进两险合并实施和实现两险合并后的制度可持续，在前文关于两险合并实施机理剖析、运行效果评价和基金可持续性预测等内容的基础上,提出推进两险合并实施及实现可持续发展的优化原则、优化路径和优化策略。

本书是国家社科基金后期资助项目成果。在研究过程中,国家医疗保障局成立,管理体制有所调整;"全面二孩""三孩"生育政策相继出台,研究情景发生变化,以致出现了一些表述问题,但并不影响研究结论。在研究过程中,原国家人社部医保司、原江苏省人社厅医保处、江苏省医保研究会、原泰州市人社局医保处和泰州市医保基金管理中心等单位领导给予了大力支持;江苏大学医保系张心洁、张磊、詹长春、许兴龙老师和安妮、祝嫦娥、何媛媛、张笑天等研究生积极参与,贡献了智慧,在此一并表示深切谢意。鉴于时间和水平有限,书中错谬之处在所难免,恳请读者批评指正!

周绿林

2022 年 6 月 26 日

目　录

表目录

图目录

第一章 绪 论

第一节 研究背景、研究目的和意义

一、研究背景

中华人民共和国成立以来,党和政府始终致力于构建生育保险制度和完善生育保障体制。长期的实践证明,我国生育保险制度运行平稳,为维护女性平等就业权益、均衡企业负担、保障职业妇女生育期间基本生活和身心健康起到了重要作用。(人社部,2017)但我国生育保险在运行中还存在一些明显问题,如"全面二孩"背景下生育保险基金出现赤字、参保人员覆盖面较小、生育医疗费用与医疗保险存在交叉费用等(梁艳华等,2012;曾飘,2017)。为有效解决这些问题,切实保障生育妇女的基本权益,国家《"十三五"规划纲要》及《国务院办公厅关于印发生育保险和职工基本医疗保险合并实施方案的通知》明确提出"将生育保险和基本医疗保险合并实施"的政策安排,这既是社会保险一体化运行管理在新时期面临的新挑战,也是政府相关部门提高行政效率、降低管理运行成本和进一步增强生育保障功能的有利契机,同时有利于推动实现适度生育水平以及积极应对人口老龄化的国家"十四五"规划的发展目标。

国务院办公厅 2017 年 2 月 4 日印发的《国务院办公厅关于印发生育保险和职工基本医疗保险合并实施试点方案的通知》提出,在河北省邯郸市、山西省晋中市、辽宁省沈阳市、江苏省泰州市、安徽省合肥市、山东省威海市、河南省郑州市、湖南省岳阳市、广东省珠海市、重庆市、四川省内江市、云南省昆明市于 2017 年 6 月底前启动生育保险与职工基本医疗保险合并实施试点,试点期限为 1 年左右;同时要求未纳入试点地区不得自行开展试点工作。本次试点的核心内容为"四统一、一不变",即统一参保登记、统一基金征缴和管理、统一医疗服务管理、统一经办和信息服务,以及确保职工生育期间的生育保险待遇不变。

2017年3月17日,人社部办公厅、财政部办公厅和国家卫生计生委办公厅联合下发《关于做好生育保险和职工基本医疗保险合并实施试点有关工作的通知》(人社厅发〔2017〕29号),该通知指出,各试点区所在省份和试点城市要充分认识试点工作的重要意义,建立健全组织机构,周密制定试点方案,加强政策宣传、营造良好社会氛围,加强总结评估。经过1年左右的试点,2019年3月25日,国务院办公厅印发《国务院办公厅关于全面推进生育保险和职工基本医疗保险合并实施的意见》(国办发〔2019〕10号),指出2019年底前实现两项保险合并实施,并对如何实施提出具体意见。

自国家《"十三五"规划纲要》提出将生育保险与职工基本医疗保险整合,到目前两险合并实施工作的全面铺开,已有3年多时间,但两险合并实施政策无论在理论上还是实践中,均存在很多尚未解决的基础性问题。两险在参保、筹资、经办和管理方面存在一定相似性,这为两险合并实施提供了可行性,但在落实合并实施工作时仍然存在诸多不足和薄弱环节。比如两险合并实施后,生育保险原有赤字会对职工基本医疗保险基金池产生冲击,进而可能增加基金赤字风险;再如两险合并实施可能产生与基本公共卫生服务项目、重大公共卫生服务项目中的妇幼保健相关政策,以及医疗救助制度和商业健康保险制度之间的衔接问题,这些问题都将影响到两险合并实施的可持续性。然而到目前为止,暂时还没有学者就以上问题进行系统、科学的研究,更别说给出明确的回答,这直接影响到未来我国生育保障制度及职工基本医疗保障制度的建设和发展。

综上可见,两险合并实施政策对于完善我国社会保障体系、提高社会保险管理效能有着明显的现实重要性、时代紧迫性和问题复杂性,尽管国家在保障女性生育权益及两险合并实施等方面做了许多有益尝试,取得了阶段性成果,但仍有需要不断改进之处。从根本上讲,为促进两险合并实施的可持续发展首先要解决以下问题:

第一,两险合并实施的政策定位。主要是职工生育与医疗保障制度的目标定位。

第二,两险合并实施效果评价的方法。只有将这个问题解决好,才能对两险合并实施的现状进行科学定位和分析,为未来建立、完善职工生育与医疗保障制度奠定基础。

第三,两险合并实施后的可持续发展问题研究。尤其要建设合理完备的两险合并实施后的筹资与支付制度,为健全我国职工生育与医疗保障制度提供理论支撑。

二、研究目的

本研究以合并实施中的生育保险和职工基本医疗保险为研究对象,基于社会保险理论、公共产品理论、公共政策分析与评价理论、可持续发展理论等,将两险合并实施的机理分析、效果评价和可持续发展等内容置于一个分析框架下。研究目的如下:

第一,通过阐述我国总体的生育保险、职工基本医疗保险、两险合并实施政策发展历程及国家总体和试点城市的两险合并实施现状,建立研究两险合并实施的理论框架,为后续研究提供理论支撑。

第二,基于可持续发展理论,从公平、质量、效率和可持续四个维度,构建两险合并实施效果评价指标体系,选取科学、有效、可操作、可重复的方法进行测量,并对测量结果进行科学、全面、严谨的分析和评价。

第三,基于人口转变及社会保险精算平衡理论,从基金运行的可持续性视角出发,构建两险合并实施的社会保险精算模型,研究两险合并实施后的基金运行状况。

第四,基于前述分析,提出推进两险合并实施及可持续发展的优化思路和具体方案,为健全我国职工生育与医疗保障制度提供理论和实证支持。

三、研究意义

(1) 有利于扩大生育保险覆盖面,提升风险应对能力。两险合并实施后,凡参加职工基本医疗保险的职工都应参加生育保险,这不仅可以扩大生育保险的覆盖面,还可以提升基金的抗风险能力,有利于制度的可持续发展。

(2) 有利于增强基金共济性,提升政府医保治理能力。两险合并实施的关键是将生育保险基金与职工基本医疗保险的统筹基金合并使用,在"全面二孩"政策不断推进的过程中,不仅有利于提升生育保险的风险应对能力,也有利于提升职工基本医疗保险基金的抗风险能力。同时,将二者产生的医疗费用合并管理,还将有利于减少长期存在的费用交叉和管理低效的问题,提升政府医保治理能力。

(3) 有利于提升两险合并实施后制度发展的可持续性。尽管生育保险支出中也有部分用于医疗费用补偿,但其支出的生育津贴部分却与职工基本医疗保险的基金支出目标和内容存在根本不同,因此,对两险合并实施后基金可持续性的预测将有助于从更长时期优化两险合并实施的路径,进而提升两险合并实施后制度运行的可持续性。

第二节　文献回顾及述评

生育保险和职工基本医疗保险同时作为我国基本社会保险体系的重要组成部分,伴随着我国社会经济变革和社会保障制度建设进程不断发展。长期以来,二者作为相互独立的险种自成体系,研究者大多侧重对二者的自有体系进行独立研究,主要集中在两项保险各自的保障范围、保障水平、筹资和支付模式、管理模式等方面,对于生育保险和职工基本医疗保险的合并机制的协同研究比较少。鉴于已有的针对生育保险和职工基本医疗保险各自相对独立的研究的成果较为丰富和完整,结合现阶段引导两险合并实施工作开展的国家政策,笔者主要针对两险合并实施的协同推进研究内容进行文献梳理,厘清两险合并实施工作的前期研究成果,为后续的研究内容做理论铺垫。

一、国外研究现状

国外尤其是西方发达国家社会保障制度建设起步比较早,社会保险体系建设较为完善,其生育保险和医疗保险制度建设目前均已发展得比较成熟。但由于西方资本主义国家与我国社会主义初级阶段的基本国情和城乡二元化结构等社会现实不同,国外的生育保险制度并没有与医疗保险割裂开来自成体系,而是作为医疗保险的重要保障内容,长期被包含在医疗保险制度中,这在某种程度上可以认为国外长期实行的是生育保险和医疗保险一体化制度,所以国外对于两险合并实施工作的整合研究十分罕见(孟庆木等,2016)。因为两险合并实施工作的重要意义就是推动生育保险制度建设,对生育保险的影响较之于医疗保险更加深远,所以对于国外相关两险合并实施工作的文献梳理应该集中在生育保险的相关研究领域。总体来说,国外生育保险的相关研究主要集中在生育保险的制度建设、覆盖范围、相关待遇以及生育保险的影响因素等方面。

(一) 生育保险存在的必要性及其重要意义研究

国外的生育保险制度研究主要围绕生育保险开展的必要性和重要意义展开,并包含生育保险基金管理等相关制度内容。

Castberg J(1916)对挪威有关生育保险和儿童等的法律进行了研究,概述相关法律的主要内容,明确其对妇女和儿童权益的保护,认为挪威的《儿童法》是国家卫生局自建立以来设立的最为重要、影响最为深远的保险法,因为其尊重妇女孕育下一代的神圣职责。贝弗里奇（2008）曾经在《贝弗里奇报告》中提到家庭妇女的母亲角色对于种族延续和国家长远发展的重要意义，并且明确提出，妇女无论就业与否，都应该享受生育补助，在特殊情况下甚至还可以享受政府的补助。Bitinas A（2014）在研究法国社会保障体系的复杂性时指出，在法国社会保障系统的构成和保障群体等内容中就明确提出法国的国家健康基金管理生育疾病险，需要对产妇怀孕一定期限内的药物使用和医疗咨询等产生的费用进行全额报销。Casas L 等（2012）在对智利产妇保护的相关研究中提到，智利早在 1919 年就提出一些具有积极效益的生育妇女权益保护规定，明确提出不能解雇怀孕及哺乳期妇女等政策要求，但是在实际操作中产生了一些问题，公司还是会用其他理由辞退女性职工。此外，Casas L 等还对女性产假结束后的工作规划、产妇和婴儿健康、社会支持等内容提出了自己的观点；Addati L（2015）通过分析 185 个国家的生育政策对女性权益保护进行了深入的研究，强调女性得到良好的保护是基本人权之一。

（二）生育保险保障范围及主要模式研究

在关于生育保险的覆盖范围的研究方面，国外的学者主要集中研究生育保险的覆盖人群、生育保险应该提供的服务类型及相关生育待遇等内容。Hill H D（2012）指出国家应该为低收入家庭和已经孕育婴儿的单亲母亲制定贫困家庭计划和一定的带薪休假政策，这样可以为生育妇女的健康提供一定保障，为产后妇女提供良好的社会环境，帮助这类群体产后就业。Addati L（2015）综合法律、社会政策和实践等多个维度考虑，认为生育保险的覆盖范围要扩大，要将弱势群体、失业和工伤人群等特殊群体的妇女纳入生育保险政策范围，与此同时，强调男性对于生育保险的重要性，提出男女获得生育待遇的机会要均等。

Kyomuhendo G B（2003）则是偏重对农村妇女生育保障的研究，认为农村妇女因为受性别歧视和地域歧视等多种外部因素的影响，得到的生育服务比城镇妇女少，提出要关注农村妇女的生育保险待遇。Lejeune C 等（1998）通过评估健康保险对产前保健和妊娠结果的影响，发现缺乏健康保险会对产前和产后的医疗保健服务产生不良影响，提出要扩大健康保险的覆盖面，保证所有妇女都能获得公共产科病房，改善产前保健，这样可以减少妇女围产期发病率。

国外生育保险相关待遇的研究主要以孕产护理、产假制度及其他与生育待遇相关的因素为核心展开。Fawsitt C G 等（2017）采用非正式场合的调查研究方法，对爱尔兰妇女对于产妇护理的看法与偏好进行分析，分析结果显示,无论妇女选择什么样的护理方式,女性对于产妇护理总体持积极的态度,同时,女性对产妇护理保健的主要考虑因素涵盖护理的连续性、获得医疗服务的及时性以及选择护理方式的自由度等。Houweling T A 等(2007)针对贫富差距给产妇护理尤其是专业分娩护理带来的不平等现象,提出要以公平为导向建立针对贫困人口的产妇护理政策,解决产妇护理方面的不平等现象,同时提出要通过扩大专业分娩保健护理实现加速产妇健康进程的千年发展目标。Baker M 等(2008)验证了产假与女性回到原有职位呈现正相关关系,产前辞职的概率随着产假时间的延长而降低。

Guendelman S 等(2014)通过对加利福尼亚州的实证调查发现,产假和护理假期可以帮助妇女更快地重返工作,所以她提出要放宽产假的相关规定,帮助更多的人享受产假福利。Rossin-Slater M(2017)提出相当一部分的发达国家都会为女职工提供产假以外的假期,比如父亲产假、双亲产假和家庭假等,而美国基本上不提供诸如此类保障生育的产假相关待遇。Fallon K M 等(2012)通过采集 121 个中低收入国家的 13 年的样本数据进行相应的数据分析,探讨中低收入国家的产假福利政策与社会经济发展之间的关系,研究结果表明,发展中国家的产假政策对于女性劳动力市场的影响不显著,但是对于降低婴幼儿死亡率有一定的积极效应。Kelst L V 等(2013)通过对心理、医疗等因素的细致研究发现,孕产妇对心理安抚有积极的反应,强调社会生育服务需要心理健康的指导和一定的医疗诊断水平。Susan C 等(2019)采取对波兰妇女进行 9 次个人深入访谈的方式来定性描述,说明沟通在生育中至关重要,如果沟通的语言以移民妇女无法理解的语言为主,则可能会使其受到伤害。产妇护理条款需要认同移民妇女的优势、价值观和期望,并适当地服务;同时需要通过有益的关注,以人为本,借助社会的关怀系统解决部分女性的个性化需求。

同时,国外学者也重视研究不同类型的生育保险制度。通过归纳分析国外生育保险相关文献可以得出,世界上已有 136 个国家根据自身的社会、经济情况等基本国情,为保障生育女性在妊娠期间的权利,制定了明确的生育保险制度。国际上生育保险制度整体上可分为四种类型,分别是社会保险制、福利制、强制储蓄制度以及其他保障类型(详见表 1—1)。

需要指出的是,其他保障类型包括全民保险制度、社会保险和私人保险相结合的制度等。但这些制度在全球中占比很小,约占 3%,目前仅有 5 个国家实施。如冰岛是实施全民保险制度的国家,覆盖人群为在冰岛或欧洲其他地区居住的全体冰岛居民,参保人连续缴纳保险金满 6 个月便可享受相应待遇。全球仅秘鲁实行社会保险和私人保险相结合的制度,但该国的保险制度目前正处于新旧制度变革中。通过系统梳理发现,国际上仍有少数国家(如法国)对生育保险进行单独立法,将其作为独立险种,并制定相应的筹资方式,这与我国现有的生育保险制度较为相似。

世界上多数国家将生育保险待遇包含在医疗保险中,作为医疗保险的一部分存在,未将其作为独立险种存在。基于上述分析本研究认为,国际上的生育保障制度的整体发展趋势是将其作为一种福利措施施行,并且注重对生育保障的相关立法,政府承担主要责任,生育待遇水平较高,覆盖内容较为全面。

表 1-1 国外生育保险制度汇总表

保障类型	典型国家	立法时间	筹资方式	覆盖人群	待遇水平
社会保险制	法国	1928 年	由雇员、雇主和政府共同筹资,雇员按总收入的 0.75% 缴纳,雇主按雇员工资总额的 12.8% 缴纳。此外,有部分来源于政府在汽车保险税、烟酒税等税收方面的收入。	全体职工,包括农民、牧师、铁路工人等人群。此外,非制度内人群可自愿参加生育保险。	① 女性妊娠期间体检费用及分娩费用全由社会保险负担;② 生育女性享受带薪休假,一胎或二胎 16 周,三胎及以上 24 周;③ 孩子满 3 周岁前,只有 1 个孩子的父母,产假结束后双方共有 12 个月、每月 390.52 欧元的政府补贴,而有 2 个及以上孩子的父母,产假结束后双方共有 24 个月、每月 390.52 欧元的政府补贴;④ 一次性发放生育补助金923.08 欧元。
福利制	瑞士	19 世纪末	① 参加基本医疗保险的居民,均可享受生育医疗待遇;② 瑞士联邦政府设立的由各保险公司每年按人头缴纳费用的基金会。	本国常住居民	生育女性拥有 14 周的带薪休假,支付水平为工资的 80%,最多每天支付 196 瑞士法郎。瑞士的在职男性在配偶生育期间无陪产假也无育婴假,但部分州提供生育补助金。
强制储蓄制度	新加坡	1968 年	由雇主和雇员共同缴费。	全体国民	① 定额支付产前检查、分娩费用,不同分娩类型标准不一;② 女性妊娠期间享受 16 周产假,产前可提前 4 周休假,男性陪护假 1 周;③ 教育补助、儿童补贴等。
其他保障类型	冰岛秘鲁	—	—	—	—

（三）关于生育保险关键影响因素的研究

生育保障的相关影响因素主要是经济因素，国外主要基于经济等外部因素对于生育保障的影响作用开展相关研究。Laroque G 等（2008）提出经济激励对生育率具有重大影响。其主要是通过研究女性变量和税收优惠制度下的生育率变化，选取科学的数据应用到数学模型中观察数据结果，最后论证经济激励对于生育意愿具有积极作用力。Zhen W Z 等（2013）通过比较中国与亚洲其他国家和地区的社会经济地位，认为中国农民工短缺和大学毕业生就业市场艰难是生育率下降的结果。随着生育率的下降，劳动年龄人口逐渐老龄化，年轻劳动力比例一直在下降，大学教育的发展使年轻的蓝领工人更少。尽管如此，占中国最多的劳动密集型企业仍然偏爱年轻劳动力。该研究说明经济发展模式对于生育率有重要影响，会影响到生育保障相关制度的建设。Basso A 等（2014）提出一个假设，即金融市场的发达程度对家庭生育人口愿望呈现反作用力，其利用19世纪美国的生育率和金融市场发展数据，选取宾夕法尼亚州作为实证分析对象论证其假设的真实性，最后研究结果表明，即使控制一系列社会经济因素以后，妇女和儿童的比例也会因为银行的存在而降低。

（四）生育保险筹资与支付体系的研究

医疗保险资金筹集是指医疗保险管理机构按照规定的征缴对象、缴费比例和标准，收缴医疗保险费用的行为过程。医疗保险资金的筹集设计有四个基本要素：一是征缴对象，二是征缴方式，三是医疗保险基金构成，四是医疗保险基金的积累方式。医疗保险支付方式包括需方支付方式（起付线、自付比例、最高支付限额等）和供方支付方式（按项目付费、按人头付费、按病种支付和总额预付等）。生育保险待遇包括法定的产假、生育医疗费用和产假期间的生育津贴。生育医疗费用支付方式大体按照医疗保险支付方式实行，生育津贴支付方式各国皆不相同。Diamond P A 等（2004）指出，很多发达国家都曾面临社会保险入不敷出的困境。Fox J（2010）指出至今仍然没有很好地解决这个问题，因此扩大生育保险筹集基金的渠道，对维持较高生育保险待遇十分重要。Sabik L M 等（2013）通过研究指出，美国联邦医疗改革对最低福利标准（如产假天数）的实施应考虑到不同规模的企业的承受能力。Earles K（2012）通过对21个经济发达国家产假政策的比较分析，指出男职工产假制度的不完善将导致传统性别角色分工不平等的加剧，并最终影响女性就业。但是，即便一个国家制定了完善的男职工产假政策并且支付了丰厚的生育津贴，倘若生育津贴制度设计不合理，仍会加剧在就业方面的性别歧视。所以,政府有关部门在制定产假和生育津贴政策时,必须均衡考虑其在男女职工之间的合理分配。

(五) 生育保险缴费模式的研究

关于生育保险缴费模式,Perusse D(2003)发现,北欧国家是采用雇主全部负担缴费的模式,例如瑞典企业按照工资总额的 11.08% 上缴生育保险费给疾病基金。东南亚国家也是雇主缴费的模式,Eugster B 等(2011)指出,印度尼西亚是企业按照已婚员工工资总额的 6% 和未婚员工工资总额的 3% 来进行缴费。Mesa-Lago C(2008)研究了雇主、政府共同缴费这一模式,发现实行这一模式的国家主要有丹麦、英国和菲律宾,有很强的福利性。Aidukaite J(2006)研究了菲律宾的生育保险制度,发现雇主按照 29 个工资等级缴纳生育保险费,政府缴纳的比例较少,缴纳的限额为每月 15 000 比索。

(六) 生育保险制度存在的问题研究

就生育保险制度存在的问题来说,Salankar K 等(2013)从印度颁布的《生育津贴法》出发,认为这部法律在面向社会正义的福利国家确保妇女工人得到充分休息和财政援助方面具有重大价值,但是在立法上某些方面仍存在缺陷,并对此缺陷提出了自己的意见。Glauber R 等(2015)关注美国城乡生育保障之间的差别,认为相当大比例的农村妇女在整个职业生涯的早期至中期(20—50 岁)都无法获得有利于生育的保障,因此应该更多地关注农村妇女的生育保障计划。Casas L 等(2012)认为智利一直注重保护妇女的利益,但是在职妇女在得到生育保障的同时要付出更高的代价,只为在职妇女提供产假和生育补贴,反而会加大在职妇女承担育儿的责任,例如,私营医疗保险公司通过收取比男性更高的保费来"惩罚"处于生育年龄的女性。国外学者还研究了生育制度本身的福利政策会为劳动力市场带来的影响。Phipps S A(2000)利用 1988 年、1989 年和 1990 年劳动力市场活动调查的微观数据,研究加拿大生育保障福利制度的一些行为影响。研究发现,第一,生育行为不会因为生育保障而受到显著影响;第二,没有证据表明女性为了获得生育津贴而调整其劳动行为。Averett S L 等(2001)的研究重点是产假的增加是否会对职业妇女生育率产生影响,研究结果发现,产假会增加女性生育的可能性,但是职业妇女并不会根据产假政策来选择公司。Choi H(2003)研究了生育保险中产假福利对美国新生儿母亲劳动力市场结果的影响,文章在控制带薪产假与不带薪产假之间本质差异的基础上,对产假福利的效果进行了评估。研究结果支持了产假覆盖对女性劳动力市场结果有利的假设,产假显著降低了产后 1 年的人员流失率,且与产后更多的就业结果密切相关。产假还对工资状况产生了有益的影响，特别是通过鼓励有保障的妇女增加工作时间。与未休产假的工人相比，休产假的工人在生育前的工资水平要高得多。然而，产假保险的工资溢价不足以抵消生育的负面影响。

（七）生育保险对女性就业的影响研究

关于生育保险对女性就业的影响，Lai Y C 等（2005）利用中国台湾地区生育保险在初期只覆盖部分行业的机会，发现生育保险制度在短期显著减少了女性的就业机会和平均工资。Baker M 等（2005）验证产假显著提高了女性回到原职的概率，同时发现，产假越长，女性产前辞职的比例越低。他们也研究验证了产假的延长使母亲待在家中的时间增多，这增加了父母对婴儿的照料时间和母乳喂养的比例。Lawrence M 等（2004）认为，虽然以上研究指出产假对女性就业有积极的影响，但选择有产假的工作也可能是那些对产假认可度较高的女性的行为。Vere J P（2007）通过数据研究发现，女性参与劳动力市场的比例在 21 世纪开始呈现下降趋势，但生育率呈上升趋势，由此作者认为这是由于女性认识到要兼顾职业发展与孩童照料（包括家庭照料）是相当艰难的一件事情，所以她们开始选择回归家庭。

二、国内研究现状

国内关于生育保险和医疗保险合并的呼声由来已久，各地都积极地进行两险合并实施的自主探索，国家也在早期组织过两险合并实施工作的试点安排。但是早期两险合并实施工作的时机尚未成熟，整体思路规划尚未明确等，导致早期的两险合并实施工作均未能形成规模效应在广泛范围内开展。早期的两险合并实施相关研究因为两险体系建设的不完善，多集中在生育保险和职工基本医疗保险各自独立的保障体系中开展，近些年，随着各自保险体系建设的不断完善，理论界开始探讨两险合并实施的集成效应，积极地以两险合并实施为突破口探索社会保险一体化研究。国内两险合并实施研究主要围绕两险合并实施的必要性和可行性、两险合并实施的制度安排、两险合并实施工作的实施现状、两险合并实施工作存在的问题与对策，以及两险合并实施工作的实证分析等展开。

（一）生育保险制度发展及存在的问题研究

生育保险制度建设的相关研究是两险合并理论研究的重要基点，学者对生育保险制度建设的研究起步较早，取得了较为丰富的研究成果。学术界在生育保险制度对于保护妇女权益和推动我国社会经济发展的重要意义方面达成了普遍共识,同时也从不同视角和不同维度提出了生育保险在发展过程中存在着的问题。

学者蒋永萍(2013)基于社会性别视角提出现行的生育保险制度理念相对滞后,集中表现在政府责任缺失、男性生育责任被忽视和因生育待遇的享用率偏低造成的社会不公平等多个方面,同时针对这些问题提出了针对性建议。张翠娥等(2013)则是基于增权视角对我国生育保险制度的发展历程及改革路径进行探索,提出针对目前国家、个人增权不足和企业增权过重的现实缺陷,通过将生育保险的医疗费用和生育津贴分别纳入医疗保险和社会福利的发展路径,以实现生育保险中的国家和个人增权、企业去权的目标,为生育保障制度建设提供理论支撑。

覃成菊等(2011)则从生育保障制度建设过程中政府责任的演变历程分析入手,提出政府生育保障责任履行还有一定的提升空间,在生育保险随着我国社会经济发展制度变革的过程中,应当强化政府对生育保险所承担的设计和规范责任、监管和实施责任、财政保障责任等,确保生育保险制度的顺利变革。张永英等(2015)立足于经济新常态建设、生育政策调整、政治意愿深化等现实环境的变化,提出生育保险制度建设面临新的挑战和机遇,提出完善生育保险制度要解决的关键问题主要包括生育保险作为独立险种的重要意义,拓展生育保险覆盖范围和保障生育待遇的重要性,以及明确政府和男性生育责任的道德必要性。罗丽媛等(2019)提出两险合并实施过程中存在法律制度设计、实际的协同管理不当等问题,亟须引起重视。王笑影(2020)指出烟台市两险合并实施过程中存在灵活就业人群因不参加生育保险而无法享受生育待遇,单位缴费率下降、待遇等待期缩短等给基金带来冲击,异地生育办理手续不够简化等问题。

杨芳(2018)、李莉(2018)结合经济新常态和“全面二孩”政策背景分析生育保险制度改革的必要性和可行性,然后通过对试点城市的改革方案的具体探索提出以我国生育保险制度的筹资机制和相关政策变革作为生育保险制度改革方向。巴豫婷等(2017)通过选取国外典型国家的生育保险制度建设与我国新形势下的生育保险制度建设进行对比分析,发现不同国家的覆盖面、基金来源、报销条件等制度建设存在差异,这在一定程度上可以反映一个国家的社会经济发展状况和社会文明程度,我国可以吸取典型国家的生育保险制度建设的先进经验,注重生育保险基金的覆盖范围和缴费主体的制度建设,同时强调育儿假期的生育待遇。

（二）两险合并实施的必要性和可行性研究

学界对于两险合并实施工作的必要性和可行性的研究内容广泛,主要是立足不同的侧重点、应用不同的研究方法论证两险合并实施的可行性。

李琴霞（2020）指出，在我国人口老龄化问题严重和二胎政策开放的背景下，我国生育保险制度面临着巨大的困难，两险合并有其必要性。王丽彬（2016）通过对企业两险的基金筹集和待遇支付等方面进行比较分析，说明生育保险和医疗保险具有合并实施的合理性，对于节约管理费用和成本，实现保险待遇的"刷卡即时结算模式"有积极效用。秦智娟（2020）提出两险合并有利于扩大制度覆盖面，保障女性合法权益，提高互助共济规模，实现制度公平，减少成本，提高效率。阎彦（2019）指出两险合并有利于解决两险之间的竞合问题，扩大生育保险覆盖面，整合社会保险经办资源。

康春华（2016）基于现阶段生育保险覆盖范围不完全和制度建设滞后等问题提出，鉴于生育保险和医疗保险具有一定的联系，且二者都是为了帮助职工恢复身体健康，生育保险存在一定的纳入基本医疗保险的可行性；此外，医疗保险基金也具有支付生育保险基金的能力。亓栋（2016）从公平视角入手，探讨生育保险并入医疗保险的可能，从两险的关联性阐述生育保险并入医疗保险的必要性，并利用 Logistic 模型对未来十年生育保险基金的补偿总额进行测算，以评估两险合并实施的财政支出可能性，为生育保险并入医疗保险的可行性提供实证支撑；他还提出制定政府、企业、个人三方共担的责任机制，人们可以根据自身需求自由选择适合自己的生育保险类型。

袁涛等（2017）分析两险合并实施可行性的视角主要是财政合并和管理服务合并两方面，从这两个方面分析合并情况，并利用 2015 年的统计数据来进行论证：无论采取什么样的合并方案，年度财政赤字都难以承受，而且会随着"全面二孩"政策逐渐恶化，目前并非两险合并实施的合适时机。姜珊等（2018）从两险的覆盖范围、筹资方式、待遇支付方式三方面比较分析两险合并实施的合理性，对于破除两险竞合问题、扩大保险覆盖面、整合社会保险经办管理资源和提升相关福利政策具有积极影响。戴睿琦等（2017）则是通过构建数据模型预测政府财政扶持来评估两险合并实施的可能性，模型测算的结果显示两险合并实施可以获得财政支持，因为财政收入增速比财政补贴增速快，所以两险可以进行合并。

（三）两险合并实施的关键问题研究

两险合并实施工作的覆盖范围广泛，工作内容丰富，涉及的问题具有一定的复杂性和多样性，理论界对于两险合并工作的关键性问题进行了深入细致的探索，主要包括两险合并实施的工作思路探索、重点难点问题剖析、路径选择、保险基金安全和管理，以及实施效果评价体系构建等。

对于两险合并工作思路的探索主要围绕两险合并工作开展的步骤、原则、工作着力点等展开。卢纯佶等(2016)提出生育保险和医疗保险合并要提前做好准备,开展全面的调查,摸清现实情况,同时要完善配套法律体系,采取先试点后推开的方法,在试点探索过程中总结经验逐步推开,最后全面实施,建立新型基本医疗保险制度。邹艳辉(2012)则提出要主动学习国外生育保险制度的成功做法,尤其是国外立法先行的建设方案,提出我国应当积极地制定符合实际的生育保险条例,以拓展我国的生育保险覆盖面,提高生育待遇保障,推动我国生育保障制度的发展和完善;同时吸取国外两险合并实施管理的优点,保障两险合并实施工作的顺利衔接。

李芳凡等(2017)在研究中提出了两险合并实施应该遵循的基本原则,主要包括立法先行、公平和效率、权利与义务等,并且明确提出"制度层面的合一无疑是生育保险与医疗保险合一的最佳选择",可以更好体现社会公平正义理念,推动优生优育的人口政策的施行和人口再生产的顺利进行。吴雯哲(2018)则提出两险整合应该立足于国家试点经验和工作实际,将工作重心放到人口和计划生育等方面,进一步统筹协调两险合并实施工作,并通过法制体系建设的顶层设计促进两险合并的顺利实施。

理论界对于两险合并工作的重点难点问题剖析是确保两险合并工作顺利开展的重要前提,为两险合并工作的顺利开展提供了突破点。盖根路等(2016)在研究中明确了法律建设对于两险合并实施工作的重要性,无论是国家还是地方,都应不断完善相关的法律制度建设,保障两险合并实施工作的顺利开展。曾飘(2017)提出当下两险合并实施工作正由政策理论层面逐渐迈入实际操作层面,且已经在扩大制度覆盖面、降低缴费负担、合理配置资源、降低管理成本、提高社保资源利用率、促进公平就业等方面展现出自身的优势,但仍存在四大难点:顶层设计不完善、具体操作机制仍需明确、协同管理模式还未规范、统筹基金支出风险上升。两险合并实施工作的继续推进需要借鉴现有城市的先行做法和国际经验,针对难点问题重点突破,在政策细节和顶层设计等方面发力,不断明确两险合并实施细则,积极应对"全面二孩"政策可能带来的基金压力增大问题。

李英锋(2016)从参保自愿性角度出发,强调两险合并实施工作扩容的关键是考虑和激发参保者的意愿,调动人们主动参与两险合并实施工作的积极性。雷红等(2016)指出风险分散体制是社会保险制度的本质,两险合并实施工作的重点关注领域应该放在制度衔接中生育保障制度的待遇水平,要注重对妇女合法权益的保护,保障生育待遇水平不降低,并以此作为两险合并实施制度建设的出发点和重点。两险合并实施的路径探索研究为两险合并工作的开展提供了一定的可行性方案,可以丰富两险合并工作思路,减少不必要的制度损失。

潘锦棠(2010)、唐钧(2010)均对两险合并实施的路径进行了分析,前者提出按照"补充参保人群"和"因参保人群制宜"两种思路构建起覆盖全民的生育保险制度;后者提出选择建立"全国统一的生育保险制度"或"医疗和生育保险制度"两种路径构建覆盖全民的生育保障制度。何文炯等(2014)从公平性角度出发,提出构建覆盖全体参保人的生育保障制度,其主张将生育保险中的医疗费用和生育津贴分开,将生育医疗费用纳入基本医疗保险,生育津贴单独自成体系,从而将生育保险的覆盖范围从单一的城镇职工扩大到全体国民,扩大生育保险的覆盖范围,在提出制度建设的同时构建数据模型进行实证分析,证明其生育保险发展路径在基金领域的可持续性。但其也提出在构建全民生育保险的过程中要分步骤地开展,要妥善解决建设过程中产生的问题,并时刻关注全民生育保险制度建设产生的整合社会效用,创造制度建设的良好外部环境。

杨燕绥等(2016)通过对国外生育政策和国内两险合并实施协同推进的实际研究发现,生育保险制度需要增加缴费主体,应该明确政府和个人对生育保险制度建设的责任,梳理两险合并实施的内涵:两险合并实施具体是指医疗保险体系应将生育医疗费用纳入合并经办范围,失业保险的经办应将生育津贴纳入管理范围。另有一些学者如吴红卫(2018),则是将国内部分地区两险协同推进现状及国外生育政策实施模式进行综合比较分析,提出应当增加生育保险缴费主体,两险合并应当是医疗保险系统将生育医疗费纳入其中合并经办,生育津贴作为生育待遇的一部分可以与失业保险合并经办。

两险合并实施后的基金平衡和基金安全问题是两险合并工作可持续开展的关键,也是制度平稳运作的重要保障,引起学术界的广泛探索。张心洁等(2017)通过构建精算模型,对生育政策调整前后我国城乡居民医保基金和财政负担情况进行仿真分析,发现生育政策的调整策略有利于城乡居民医保基金的收支平衡,可以显著减轻公共财政压力。但是,生育政策的调整过程要注重筹资机制的稳定性和财政补助的特定性,通过多种手段和措施提高适龄妇女的生育率,巩固国家"全面二孩"政策的实施。

李娅雯(2018)立足我国经济增速放缓和"全面二孩"政策背景,提出两险合并实施工作要积极适应新时代的新要求,并对两险整合后的基金平衡进行了理论与实证分析,其选取有关数据进行建模分析,发现单一的两险费率简单相加对两险合并实施基金平衡有一定的影响,可能出现"入不敷出"和"结余过多"两种情况,不具备在全国各地进行普遍性推广的条件,且对整合后基金风险控制方式也没有进行明确要求,需要进一步改良两险合并实施缴费率。殷俊等(2019)基于两险合并实施的背景构建人口预测模型和医疗保险精算模型,预测短期的基金赤字和长期累计赤字,探索"全面二孩"政策和延迟退休可能对职工基本医疗保险基金收支平衡造成的影响,提出2039年前可以通过调整生育政策降低医疗保险统筹基金的赤字规模。

此外,还有部分学者对两险合并实施效果的评价指标体系进行了积极探索,这对于两险合并的评估考核和动态检测具有重要意义。安妮等(2019)在借鉴以往学者研究成果的基础上,对两险合并实施效果评价指标体系构建进行了有益研究,结合两险合并实施后所形成的新的社会保险类型所兼具的保障功能和特点,着重考虑总体思路、目标,合理设置一般性指标和特征性指标,初步构建起以公平、效率、质量和可持续性为框架,以全局性、客观性、可操作性、动态性、公平性、效率性和可持续性为原则的新的效果评价指标体系。提出两险合并实施要兼顾两项保险各自的功能和特点,评价指标体系的构建要充分考虑两险在参保、基金和管理等方面的需求和经验,构建的指标体系由三级指标共同组成,一共包含4个一级指标、12个二级指标和44个三级指标,为后期的两险合并实施试点情况效果评估提供了一定的理论支持。

(四)两险合并实施的可持续发展研究

两险合并制度探索实践是实现更加公平可持续的社会保障制度建设的重要举措,制度的可持续性是制度运行的关键,引起学者的广泛重视和积极探索,研究方向主要集中在两险合并实施可持续发展的重要性和作用因素等方面。安妮等(2019)在构建两险合并评价指标体系的过程中,将可持续性评价指标体系纳入其中并作为主体内容之一,强调可持续性是评价指标体系构建的重要原则,充分肯定两险合并实施的可持续发展研究所具有的独特地位和重大意义。

肖钰娟等(2019)提出两险合并的可持续发展需加强基金风险防范意识,完善生育医疗费用支付方式,建立待遇享受与缴费时间挂钩的机制。黄国武等(2017)对两险合并的发展路径进行研究,提出合理筹资水平的确立是两险合并制度可持续发展的核心,要建立多方共担、权责统一、政府责任等筹资原则,并坚持渐进式的改革思路,推动制度的可持续发展,最终实现制度公平。李倩(2016)在整合分析两险合并实施的必要性和可行性基础上提出融合筹资机制、创新管理模式、完善定点生育医疗机构选取和生育保险项目延伸等多个有益建议,确保两险合并实施的可持续发展。吴雯哲(2018)提出通过修订相应的法律法规、扩大生育保险覆盖范围、设计科学的资金筹措机制等多种方式增强两险合并的可操作性和可持续性。远峰（2016）、董艾轩（2017）则分别提出以基金的可持续性和筹资的合理性来确保制度的可持续性，高度重视保险基金的稳定性，注重基金安全，强化政府监管，保障保险基金长期的收支平衡。

（五）两险合并实施的实证研究

对于两险合并实施工作的实证研究，主要是结合两险合并实施试点城市的试点工作总结与反思，以及非试点城市基于自身现实情况开展两险合并实施工作的可操作性和可能采取的手段与措施而展开。安妮（2019）等对两险合并实施的 12 个试点城市进行走访调研，将 12 个城市的两险合并实施工作方案进行对比和描述性分析，发现试点前 12 个城市的两险工作在参保、筹资、保险经办和基金管理以及待遇水平方面都存在一定差异，最终导致在已有保障体系基础上构建的各试点城市的政策方案不同；同时指出现行试点城市存在基金可能受到冲击和缴费基数确立不清晰等问题，需要进一步加强试点工作方案的效果评估，建立完善的缴费基数动态调整机制，明确生育津贴支付期限和缴费机制，推动两险合并实施顺利推进。

王成龙（2018）主要着眼于 12 个试点城市之一的合肥市进行两险合并实施的研究，在基于合肥市的社会经济发展实际和两险发展现状的基础上，对比合肥市两险合并实施前后在参保登记、管理机制、基金筹资等方面的变化，证明两险合并实施工作在产生积极效应的同时也会引发缴费主体单一、基金安全性堪忧、社会化管理水平较低、缴费待遇存在差异等多个问题，并针对这些问题结合国外的先进经验提出解决策略。宋露露（2017）选取两险合并实施试点城市之一的福州市为研究对象，将福州市试点工作实际与其他 3 个同自身现状相近的城市的实施方案进行对比，发现福州市现阶段存在参保范围狭窄、生育保险报销水平偏低、生育医疗费用的即时结算率不高和生育保险金存在风险等问题，通过对福州市两险合并实施问题的具体分析提出相应的对策，全方位推动社会公平和两险合并实施工作的效用最大化。

李云娅（2013）在研究泉州市生育保险制度时，跳出单纯研究生育保险的思维框架，通过将生育保险和医疗保险进行对比分析，学习全国其他地方生育保障制度建设的先进经验，提出将两险合并实施视为生育医疗保险的创新性思路。李云娅明确指出合并不是简单的合二为一，而是有策略的合并，要确定合理的筹资模式、管理模式、定点医疗机构、保留和延伸的生育保险项目。万晓霞等（2019）在考虑两险合并实施的保险基金风险提高的前提下，选取南昌市 2017 年的相关数据进行实证分析，模拟测算两险合并实施可能带来的保险基金支出风险。通过数据分析发现,产检、分娩医疗费用报销和生育津贴领取时间延长等因素可能会导致南昌市职工医疗保险的社会统筹基金支出增加,额外支出比例为 9%—12%,其中,后者是导致职工医疗保险基金支出风险增大的主要因素,所以未来在开展两险合并实施工作时要注意医疗保险基金的风险性和承受能力,进行精密测算,防止可能出现的基金支出压力过大等风险,以避免对民众安全预期产生不良影响。王敏(2017)选取泸州市为研究对象,对泸州市两险合并实施进行前瞻性研究,为后期两险合并实施工作在全国的开展奠定基础。王敏明确提出对非试点城市两险合并实施工作进行前瞻性研究的必要性,研究的基础工作就是要明确两险合并实施的方向性,要结合自身实际和两险合并实施的具体政策要求,提出符合泸州市现实要求的两险合并实施工作的关键举措。

三、国内外研究述评

通过对国内外两险合并实施工作的相关文献进行梳理和总结发现,国外对于两险合并实施工作的相关研究罕见,现有研究主要集中在医疗保险制度研究和生育相关待遇研究方面;国内早期对于两险合并实施工作的研究比较少见,但得益于近些年政府持续关注、两险合并实施条件日趋成熟、社会各界的现实需求增多等多方面因素,理论界掀起研究两险合并实施工作的热潮。

国外关于生育保障相关制度的研究比较具体和细致,尤其是对产假和心理疏导等生育帮扶手段的探索,是我国生育保障制度研究的短板所在,对我国生育保障制度建设的纵深发展有积极的借鉴作用,为我国生育保障制度的成熟与完善提供了一定的引导思路。但是在借鉴国外生育保障研究成果的同时需要审慎考虑,认清我国生育保障制度建设发展不完全、不充分的现状和生育保障在一定程度上服务计划生育制度的基本国情,选取适合我国社会发展现状和人民现实需求的先进经验进行探索和实践。(陈宁,2017)国内两险合并实施工作的相关研究数量比较丰富,覆盖范围比较广泛,取得了一定的研究成果。国内关于两险合并实施工作的研究大多集中在宽泛、整体的领域,在理论界形成了认可两险合并实施工作制度的广泛共识;也不乏一部分的研究者对两险合并实施工作进行了具体的实证分析,选取试点城市和非试点城市作为研究对象探讨两险合并实施的实际可操作方案,为各地两险合并实施工作的开展提供可借鉴的经验和实际参考价值。

但是国内关于两险合并实施工作的研究不够深入和系统,提出的两险合并实施工作的问题和对策等也存在一定的重复性,共性研究比较多,对于创新两险协同管理手段、两险合并实施基金动态缴费模型、特殊人群的拓面扶持策略、两险合并实施的评价考核体系、生育保险的政策性亏损等关键问题的深入研究比较少,要进一步对两险合并实施工作内容和重点问题进行细化和深入,丰富两险合并实施的研究成果。

第三节 研究内容与研究方法

一、主要研究内容

(一) 相关概念界定及理论研究

在对研究中涉及的主要概念进行界定和对其内涵进行阐释的基础上,运用理论模型、文献研究等方法对与两险合并实施相关的理论进行梳理和分析,如社会保险理论、公共产品理论、公共政策分析与评价理论、可持续发展理论等,以期为后续研究的开展奠定坚实的理论基础。

(二) 两险合并实施的关键影响因素及其机制研究

在阐释两险合并实施必要性的基础上,通过分析影响两险合并实施尤其是影响基金收支运行的关键因素,剖析两险合并实施的具体机制,构建研究的理论框架。

(三) 两险合并实施现状分析及比较研究

首先,从生育保险和职工基本医疗保险制度的发展历程入手分析两险合并实施的历史原因和具体过程;而后,在对当前我国两险合并实施现状分析的基础上,分别选取部分试点城市和非试点城市就两险合并实施的现状进行具体分析,包含各城市的主要做法、取得的经验和存在的不足等方面;最后,结合实际,挖掘两险合并实施过程中存在的关键共性问题并分析其原因。

(四) 两险合并实施的实时效果评价研究

在前述对两险合并实施历程、现状及其关键问题进行分析的基础上,以国家确定的 12 个试点城市中的泰州市为例对两险合并实施的实时效果进行评价。该部分主要包含两方面内容:一是基于公共政策分析与评价理论,在试点城市层面对国家颁布的指导性方针政策的贯彻落实情况及上下级政策之间"目的—目标—措施"匹配程度进行具体分析;二是从实践层面出发,通过对泰州市两险合并实施主要做法及特色的梳理分析,结合数据挖掘,对该市两险合并实施的实时效果进行综合评价。

（五）两险合并实施效果的跟踪评价研究

在前面对两险合并实施的实时效果进行评价的基础上，通过构建科学的综合性评价指标体系对部分试点和非试点城市的两险合并实施效果进行进一步的追踪评价。具体来说，这一部分的研究首先通过多轮的专家咨询和访谈确定评价指标体系和各项指标权重，而后结合经济发展水平、地理位置及两险合并实施的具体情况等多种因素，选取泰州市为样本进行综合分析，以跟踪评价两险合并实施的持续性效果。

（六）两险合并实施的可持续性研究

基金可持续是制度可持续的经济基础和根本保障。在对试点和非试点城市两险合并实施现状分析的基础上，通过构建动态的社会保险基金精算模型和人口预测模型，对一定期间内两险合并实施后的基金筹集、支付和结余情况进行预测和评估。具体来说，这一部分首先以泰州市为例，从微观层面对两险合并后基金运行的具体情况进行分析；而后，进一步将前述构建的精算模型应用到全国，从宏观层面分析影响两险合并实施后基金和运行管理可持续性的关键问题。

（七）推进两险合并实施的优化路径和策略

为推进两险合并实施和实现两险合并后的制度可持续，在前文关于两险合并实施机制剖析、运行效果评价和基金可持续性预测等内容的基础上，提出推进两险合并实施及实现可持续发展的优化原则、优化路径和优化策略。

二、主要研究方法

（一）文献研究法

通过查询相关数据库，检索国内外学者有关生育保险建设的相关研究文献，深入了解本研究主题在现有领域中的先进经验成果。同时，查阅国家及主要城市出台的有关两险合并实施试点的相关文件和会议资料，了解试点与非试点城市在两险合并实施过程中的制度设计、实施模式、特色和问题。

（二）人物访谈法

采用个别深入访谈和焦点组访谈形式，对参保人、参保单位社会保险经办人员、医疗机构保险经办人员、保险机构经办人员、管理部门等对象进行定性访谈，通过以上访谈客观地了解和记录两险合并实施试点工作的运行、管理情况。

（三）问卷调查法

采用问卷调查法，请保险经办机构填写两险合并实施试点工作推进情况表，获取参保、基金和管理等方面的数据资料。

（四）实地调研

本研究在实地调研过程中主要采取如下方法：① 通过组织医保、生育及医疗机构等部门代表参加座谈会，了解试点与非试点城市在两险合并实施过程中的具体做法、存在的问题及下一步安排；② 通过查阅文件资料，获取地方政府及有关部门对该项工作的部署和落实的有关政策、工作报表、数据等；③ 组织知情人访谈，对与两险合并实施相关的参与者进行访谈，包括原职工基本医疗保险、原生育保险及合并后现医疗保险中心的管理及经办人员，作为该政策的实施者或参与者，通过访谈可了解两险合并实施前后其工作内容的变化情况及遇到的问题。

三、研究的技术路线图

本研究的技术路线如图 1-1 所示：

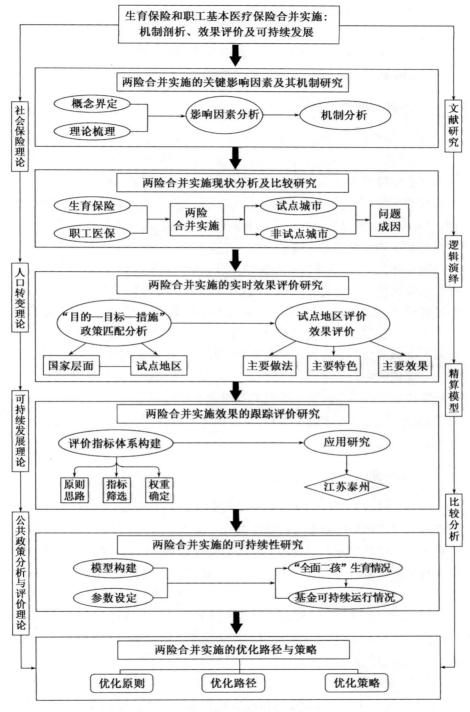

图 1-1 本研究的技术路线图

第四节　本研究的学术价值和主要创新点

一、本研究的学术价值

第一，研究构建的用于跟踪评价两险合并实施效果的综合性评价指标体系，以及用于测算两险合并实施后基金运行可持续性的精算模型，有助于丰富社会保障尤其是两险合并实施的相关理论，拓展相关研究方法。基于已有研究可知，当前学者关于两险合并实施的研究还多局限在理论探讨方面，仅有少量学者以个别城市为例对两险合并实施的效果进行评价。本研究结合相关领域专家意见构建的综合性评价指标体系和对主要试点城市的长期跟踪评价，对丰富和完善相关理论具有重要意义。此外，研究还在关于社会保险精算模型研究的基础上，引入生育保险相关变量构建新的社会保险精算模型，亦在研究方法上有一定创新和突破。

第二，关于两险合并实施效果的评价及对其可持续性的研究，可为推进国家层面两险合并实施提供政策支持。在研究内容的设计上，除了评估两险合并实施的实时效果外，还将通过构建综合性的评价指标体系和社会保险精算模型对两险合并实施的长期效果进行跟踪评价，可以为政府进行规划和做出决策提供更多理论支持，也有助于推进我国两险合并实施的地方实践。

二、本研究的主要创新点

第一，在研究方法上，本研究综合运用保险精算模型、人口预测模型等对两险合并实施后的基金可持续性进行系统评估。这不仅可以考察一定时期内各年人口数量和人口老龄化程度的变化趋势，还可以定量评估两险合并实施后的基金财务运行状况，从基金平衡视角考察两险合并实施是否具备可持续性。

第二，在研究对象上，本研究以正在合并的生育保险制度和职工基本医疗保险制度为对象，对其未来的可持续运行能力进行全面的考察和分析，为政府的决策提供有益参考。

第三，在研究内容上，本研究除了对两险合并实施的实时效果进行评价外，还通过建立评价指标体系对两险合并实施的效果进行跟踪评价。同时，通过建立基金收支平衡的保险精算模型对基金运行的可持续性进行分析，这不仅可以考察我国两险合并实施后的基金是否具备可持续性,还可以为政府提供各种可能提高制度运行可持续性的政策建议,增强了研究结论的现实意义。

第二章 概念界定及理论阐述

第一节 概念界定

一、生育保险

生育保险是指通过国家立法,在合法已婚女性劳动者因生育子女而导致正常社会劳动行为暂时中断时,以通过向女性劳动者提供生育津贴、医疗服务和产假等生育待遇帮助她们恢复劳动能力,重返工作岗位,由国家和社会在女性产假期间及时给予相应的医疗服务和经济帮助的一项社会保险制度。

我国目前的生育保险待遇主要包括生育医疗待遇和生育津贴两部分。生育医疗待遇是指为女性劳动者生育期间发生的产检、分娩等行为提供定额补贴;生育津贴是国家和社会以女性劳动者上一年月平均工资为标准在其产假期间按天数发放薪资,对符合政策的女职工生育和计划生育手术医疗费用以及国家规定的产假期间工资,则是由生育保险基金按规定形式分别予以支付。此外,部分地区有男职工陪护假和一次性营养补助。

生育保险覆盖范围包括政府机关、各企事业单位和各社会团体等机构,个体经营者和城乡居民等人群也均被纳入生育保险的保障范围,不仅包含所有用人单位的在职职工,还包括在职职工的未就业配偶。一般而论,用人单位按照职工工资总额不超过 1% 的比例缴纳生育保险费,个人不缴费,现阶段为了减轻企业的社会保险负担,生育保险的缴费比例要求降低到职工工资总额的 0.5%。生育保险制度在维护女性平等就业权益、均衡企业负担、保障职业妇女生育期间基本生活和身心健康等方面起到了重要作用。生育保险具有与别的社会保险不同的特性,具体包括保障对象的特定性、保险待遇的特殊性和生育行为的可预测性、医疗服务的确定性等。

二、职工基本医疗保险

职工基本医疗保险是我国医疗保障体系的重要组成部分,它与城镇居民医疗保险和新型农村合作医疗(简称新农合)制度构成了我国医疗保障体系的三大支柱。它向单位和职工强制征收保费以建立职工基本医疗保险基金,并依据所制定的法律法规在职工因疾病而产生医疗费用时给予一定的经济补偿,即医疗保险经办机构对所产生的医疗费用中符合报销范围的医疗费用给予补偿,以减轻职工的疾病经济负担。

职工基本医疗保险参保对象包括城镇所有用人单位职工,即国有、集体企业,机关事业单位,私营企业,以及社会团体、民办非企业单位职工。此外,个体户及其从业人员也参加职工基本医疗保险,但是以灵活就业人员的身份参加。职工基本医疗保险的基金账户由个人账户和统筹账户共同构成,个人和用人单位按职工工资总额的一定比例共同承担缴费责任,缴费比例主要依据财政、用人单位、个人各自的承受能力确定,用人单位的缴费比例一般在 6% 左右,个人的缴费比例维持在 2% 左右,具体的缴费比例可以随着社会经济发展做出动态调整,职工基本医疗保险基金必须纳入财政专户管理并接受相关管理部门和社会的监管。(陈智明,1995;程晓明,2003)

目前职工基本医疗保险的管理部门已由原来的人力资源和社会保障部变为现在的医疗保障局,以使管理更为精准,效率更高,从而更好地保障职工权益。职工基本医疗保险制度作为全民医疗保障制度的重要组成部分,筹资水平较高,基金的抗风险能力较强,保障水平比城乡居民基本医疗保险制度高,覆盖人群逐渐拓宽,在维护职工的基本医疗服务需求、提高医疗服务可及性和公平性等方面发挥着重要作用,有利于社会主义市场经济健康发展。

三、生育保险与职工基本医疗保险合并实施

生育保险与职工基本医疗保险合并实施是指将此前相对独立进行管理经办的生育保险和职工基本医疗保险放在一起共同实施。

按照《生育保险和职工基本医疗保险合并实施方案》的要求,在河北省邯郸市等 12 个城市开展合并实施试点,试点核心内容主要包括"四统一、一不变",即统一参保登记、统一基金征缴和管理、统一医疗服务管理、统一经办和信息服务、确保职工生育期间的生育保险待遇不变。这既是社会保险一体化运行管理在新时期面临的新挑战,也是政府相关部门提高行政效率,降低管理运行成本和进一步增强生育保障功能的有利契机。这两类保险的

合并实施并不是单纯的"两险合一",而是为适应我国社会保障事业的发展现状和社会保险一体化建设的具体国情做出的特殊制度安排,是符合生育行为和医疗服务发生行为的实际操作方案,是在保留各自特性和功能的基础上对彼此交叉的内容进行整合,是职工基本医疗保险制度和生育保险制度的相互衔接和融合,最终产生集成效用,提高综合效能。

2018 年 12 月 23 日,提请第十三届全国人民代表大会常务委员会第七次会议审议的《国务院关于生育保险和职工基本医疗保险合并实施试点情况的总结报告》(以下简称《报告》),指出两险合并实施对提升两险的参保率、增强基金的抗风险能力具有显著作用,同时对于两险的保险经办服务也有明显的作用力,在方便参保人、参保单位的同时,也简化了保险经办的服务流程,降低了管理费用,有效提高了经办管理的效率;此外,对于人口政策的顺利开展也有积极的推动作用。《报告》同时指出,两险合并实施在取得一定成果的过程中也产生了一定的问题,生育保险制度和职工基本医疗保险制度二者本身存在一定交叉,同时又具有各自的特性,如何在保证各自功能效用的同时又促进其共同发展,持续释放制度改革的红利,是未来两险合并实施需要解决的关键问题。

第二节　理论阐述

一、社会保险理论

社会保险的相关理论主要来源于西方学术界,以德国的新历史学派、英国的费边社会主义、庇古的旧福利经济学、新福利经济学、凯恩斯的国家干预学说、"二战"后英国的《贝弗里奇报告》以及社会民主主义福利思想为代表,这些理论思想为中国的社会保险的发展奠定了理论基础。

(一)德国的新历史学派

德国新历史学派的主要代表人物有古斯塔夫·冯·施穆勒、维尔纳·桑巴特、阿道夫·瓦格纳等。他们提出了一系列国家干预社会生活的理论政策思想,为社会保险的产生奠定了重要的理论基础。德国的新历史学派强调国家的经济作用,认为国家除了维护社会秩序和国家安全外,还具有提供文化和福利服务的责任,国家应该兴办一部分公共事业来改善国民的生活,如建立社会保险、发展义务公共教育等。其强调国家对社会生活的直接干预,强调国家应通过立法,实行包括社会保险、孤寡救济、劳资合作及工厂监督在内的一系列社会措施,自上而下地实行经济和社会改革。新历史学派以国家干预为主线的社会政策主张,为德国最早实施社会保险制度奠定了重要的思想基础、理论基础和政策基础。

(二) 英国的费边社会主义

费边社会主义是 19 世纪 80 年代在英国出现的又一种社会思潮。从组织上讲,费边社谈不上是一个社会主义政治组织,更谈不上是一个社会主义政党。从思想来源上讲,费边社的思想不仅受到边沁的功利主义的影响,而且受到欧文的合作社主义的影响,萧伯纳根据边沁的"最大多数人的最大幸福"理论引发出"最大多数人的最大效率"的主张,韦伯夫妇曾经竭力主张建立消费合作社,大多数费边社的成员主张建立市镇集体公有制。

费边社会主义经过不断发展逐步成为一个庞杂的思想体系,并对英国20 世纪的政治、经济、社会生活都产生过重要影响。关于社会发展与社会福利的主张构成了费边社会主义的重要内容,并对 19 世纪末 20 世纪初英国的社会改革、现代社会保障制度的建立产生了重大影响。费边社会主义关于社会发展和社会福利的各种理论和主张较之以前各种流派的社会主义的同类理论和主张更加全面、系统和具体,这些主张比较符合英国广大工人阶级的利益和要求,加之大多数费边社成员在阶级地位和政治观点上与工人阶级具有很大程度的相通性,所以,费边社会主义者关于社会发展和社会福利的主张被英国工人阶级广泛地接受,成为英国工人阶级在 1870—1914 年要求社会改革、改善工人阶级的生活状况、建立有效的社会保障制度的思想武器。

(三) 庇古的旧福利经济学

西方福利经济学是制定经济政策的理论基础,主要是论证在现存的制度下,生产资源的最适度配置与国民收入的最适度分配,可促进社会福利最大化。

1912 年,英国经济学家庇古出版了《财富和福利》一书,1920 年又把该书扩展为《福利经济学》,这本书系统地论述了福利经济学理论。庇古直接承袭了剑桥学派宗师马歇尔的福利观点,受到"消费者剩余""生产者剩余"等新观念的启发,提出了"公民收益"的概念,构成了自己的理论体系。庇古认为,社会经济福利的标志有二:(1) 国民收入总量越大,福利越大;(2) 收入分配越平均,福利越大。他认为社会福利将随着国民收入的增加而增大,也将因收入分配均等化而增大。他的依据是边际效用递减学说。庇古认为,收入转移的途径就是由政府向富人征税,补贴给穷人。补贴的办法可以是建立各种社会服务设施,发放养老金,提供免费教育、失业保险、医疗保险、房屋等。

(四) 新福利经济学

新福利经济学的代表人物是勒纳、卡尔多、希克斯、柏格森、保罗·萨缪尔森等。新福利经济学的学者们援引洛桑学派人物帕累托的理论,力图从生产资源配置方面找出发展福利的"最适度条件"。帕累托利用他的全面均衡论与无差别曲线,围绕着最适度条件说明经济福利。他提出的福利标准是:任何变革只要能使部分人受益而无人受损,就是福利增大。美国学者柏格森和萨缪尔森将福利极大化寄托在最适度的选择上,认为生产与交换固然应符合最适度条件,但是仅此还不够,还应当把其他支配福利的因素一并列入,编制一种"社会福利函数",当这个函数值最大化时,才能得到福利最大化。

(五) 凯恩斯的国家干预学说

20世纪30年代,爆发了席卷资本主义世界的经济危机。西方主要资本主义国家工业凋敝,失业剧增,大批贫民流落街头,社会矛盾非常尖锐。在这种形势下,一些政治家和学者把摆脱经济、政治危机的措施和"福利国家"联系在一起。

英国经济学家凯恩斯于1936年发表了《就业、利息和货币通论》,提出通过国家干预、扩大公共福利支出和公共基础设施建设等措施刺激需求增长,实现充分就业;还提出了建立累进税制和最低工资制等观点。凯恩斯主义成为战后西方国家制定经济政策和重建社会保障制度的理论依据。

(六)《贝弗里奇报告》

1942年11月,伦敦经济学院院长贝弗里奇受英国政府委托,研究战后重建社会保障制度的重大理论与政策问题,正式提交了《社会保险和相关服务》的研究报告,史称《贝弗里奇报告》。《贝弗里奇报告》主张社会保障制度框架应包括三个项目:社会保险计划、社会救助及自愿保险项目。

《贝弗里奇报告》确定了社会保险支付应该包括六个基本原则:(1)统一津贴标准原则;(2)统一缴费标准原则;(3)统一管理原则;(4)社会保险津贴发放时间与数量合理原则;(5)社会保险制度综合性原则;(6)分类原则。

(七) 社会民主主义福利思想

直至20世纪五六十年代以前,一批受社会民主主义思想影响较大的政治家,倾向于从社会公平、社会正义的角度出发,分析国家福利制度产生的原因和社会绩效。社会民主主义者对"中央计划经济"持赞赏态度,强调收入和财富的均等性,强调国家福利措施,希望通过政府的政策实施,把资本主义社会和平地转化为"自由社会民主主义"的社会。他们认为,一个理想的社会应当把福利给予所有的社会成员,使人人得到幸福。为此,国家应当负起责任。社会民主党人设计的经济目标是:国有化(主要经济部门)、福利化(收入再分配、社会化服务、政府稳定经济和社会)、市场化(企业分权、平等竞争、反对垄断)三者结合的混合经济。

西方的社会保险理论均认为社会保险是一项由国家制定的具有一定福利性的政策,这给我国的社会保险政策的制定与发展提供了一定的理论参考。我国的职工基本医疗保险是由政府制定、用人单位和职工共同参加的一种社会保险制度。它按照财政、用人单位和职工的承受能力来确定职工的基本医疗保障水平,具有广泛性、强制性的特点。目前我国的职工基本医疗保险采用的是现收现付制筹资模式,即使用在职职工缴纳的医保费用来看现有的病,同时基金账户分为个人账户与统筹基金账户,统筹基金账户的基金分配有一定"劫富济贫"的作用,具有很强的社会共济功能。在两险合并后,生育保险成为职工基本医疗保险的附加险,职工无须缴纳生育保险费,因此合并后的职工医疗保险具有较强的福利性与保障性。

二、公共产品理论

"公共"的意思即为共享,是指关于多数人或多数人利益的,存在于超出私人范围而和他人的利益发生联系的地方和时候。公共产品是相对那些可以被划分为企业或个人消费单元的基本生活和生产资料等私人产品而言的共享性物质产品和服务项目。关于公共产品和私人产品的区别,很多学者,如大卫·休谟、亚当·斯密、保罗·萨缪尔森、詹姆斯·布坎南等都做出过重要论述。其中引用最多的,也是为大家普遍接受的,是美国经济学家保罗·萨缪尔森在《公共支出的纯理论》一书中下的定义:纯粹的公共产品指的是每个人消费这种产品和劳务不会导致别人对该种产品和劳务的消费减少的产品;而纯私人产品则是指只有获取了某种产品才能消费这种产品的产品。萨缪尔森还用数学公式对纯粹的私人产品和纯粹的公共产品加以区分,提出私人产品是可以在消费者之间分割的,而公共产品在消费者之间不能分割,即公共产品是面向整个社会共同提供的,具有共同受益或联合消费的特点。

公共产品的两个典型的特征是受益的非排他性与消费的非竞争性。受益的非排他性,即若将一个公共产品提供给某个集体,它不可能阻止其他人从中受益或者需要花很大的成本才能够阻止其他人从中受益。也就是说，产品在被消费的过程中，在技术上没有办法将拒绝为其付款的个人和厂商排除在该产品的受益范围之外，或者说这种排除在技术上可行，但成本过高。消费的非竞争性，即某一个人或厂商对公共物品的享用不排斥、妨碍其他人和厂商对该产品的同时享用，也不会因此而减少其他人和厂商享用该种公共产品的数量和质量。这就是说，增加一个消费者不会减少任何一个人对公共产品和服务的消费量，或者说增加一个新消费者，其边际成本等于零。

公共产品的这些特性及规模效益大、初始投资量大等特点，使得私人企业或市场不愿意提供、难以提供或即使提供也难以实现效益，因此公共产品一般由政府或其他公共部门来提供。值得注意的是，公共产品和私人产品的划分与社会制度无必然联系，即这种划分存在于一切社会。此外，受社会发展程度与社会制度的制约，不同社会中公共产品的范围存在着客观的差别，如森林、矿产资源等在一些国家完全可以成为私人产品，而在另一些国家则往往成为公共产品。

通常情况下，公共产品被分为纯公共产品与准公共产品，其分类依据一般为上述两种基本特性。准公共产品又分为两类：一类被称为自然垄断型公共产品，是与规模经济有联系的产品，如下水道系统，供水、供电系统；另一类是优效产品，是相对于烟草等劣效产品而言的，一般指对个人和社会均有益且效用较高的产品（或劳务），是在不考虑人们收入水平的前提下均应享有或消费的公共产品，如医疗卫生保健、中小学阶段的全民教育、医疗保险等。医疗保险产品属于典型的优效产品，具有竞争性，当消费者的数目从零增加到某一个可能是相当大的正数即达到了拥挤点以后，全体消费者的效用会随着消费者的增加而减少。（乌日图，2003；黎民，2016）

生育保险和职工基本医疗保险的社会功能及其具有的普遍性、公平性特征，决定了其是具有福利性质的公共产品。两险合并实施政策中所提出的合并内容，即"四统一、一不变"，将在一定程度上扩大生育保险的覆盖人群，使其更具有普遍性，也将增加社会公平性，从而保障更多女性的生育权益，完善我国的社会保障体系。因此，将生育保险和职工基本医疗保险作为一种社会福利公共产品研究其普遍性、公平性具有一定的价值，能丰富我国福利公共产品的研究内容。

三、公共政策分析与评价理论

公共政策是指国家通过对资源的战略性运用，以协调经济社会活动及相互关系的一系列政策的总称。公共政策的分析与评价指公共政策的制定者、实施者或研究者，按一定的程序和方法对公共政策的科学性、实用性进行分析与评估的技术方法。公共政策的分析与评价是公共政策实施过程中的关键环节，评价结果既是对政策的认知与总结，也为政策的调整及优化提供重要信息。（连瑞瑞，2019）

目前，学术界对政策评估的定义大致分为三种。第一种认为政策评估是针对政策方案进行评估，即通常所提到的前评估。该定义认为，在经过详细地说明评估标准，确定备选方案的可测量范围时，前评估可以使分析人员阐明其价值、目的、目标以及受影响的团体，并且使预期结果及希望避免的结果更加清晰。第二种认为政策评估贯穿于政策的全过程，是一种应用广泛的功能活动，这就是说在政策的每一个过程中都存在着政策评估。第三种认为政策评估是对政策结果进行的评估，即通常所提到的后评估。这种后评估是以政策效果为核心，旨在判断该政策在经过实施以后是否达到了预期的效果，所产生的影响是大是小，正面还是负面，政策是否还存在问题，以及政策未来的发展方向是继续执行还是调整或终结。一般认为政策评价是依据一定的标准和程序，通过考察政策过程的各个阶段和环节，对政策的效率、效能、效益及价值进行评价，以判断政策结果对政策目标的实现程度。

政策评估主要分为政策效果评估、效率评估以及执行评估。政策效果评估以政策的效能和效率为评估的中心问题。效果评估主要是指通过对预期政策目标与实际政策结果的差距性分析，确定政策实际实现的程度。效率评估主要通过对政策投入与政策效力或政策投入与政策产出之间比例关系的对比性分析，确定政策的合理化程度。政策效率评估是一种基于经济考量的分析方法，常用的方法有成本利益分析法和成本效能分析法。成本利益分析法一般通过货币形式反映政策的全部的支出成本和全部的利益收益；成本效能分析法则通过"相同单位成本所达到的政策目标"或"相同政策目标所付出的单位成本"来考量政策的投入与产出比。对政策执行进行评估的关键在于按政策规定执行的过程中是否采取了适当的政策执行行为，政策执行行为又是如何影响政策结果的。在进行政策执行评估时，最重要的是确定好"完美的政策执行模型"，它是政策执行评估的参照系。

在进行政策评估时需注意，首先，政策评估的目的要明确，态度要端正，应明确评估是为了客观检测政策的实施效果，以总结经验并作为下一步政策制定的依据，切勿因一己私利而采用不正确的评估方式，使评估结果与原有的目标相偏离；其次，评估的参与者要具有代表性，即参与者的组成结构应合理，代表着各阶层、各行业、各团体的利益；最后，在政策评估时还需要考虑到对政策"外在作用"的评估,即政策可能会对并非该政策所针对的对象产生作用,这种"外在作用"既可能发生在特定政策所直接调控的利益关系领域之内,也可能发生在特定政策所直接调控的利益关系领域之外。

政策系统中,对现有政策进行评价不仅可以为继续或停止当前政策的实施、改善政策的执行程序与策略等提供依据,也可作为推动其他政策、接受或拒绝某项政策的理论参考。因此,政策评估是检验政策效果的基本途径,是合理有效地配置政策资源的认识基础,是决策科学化、民主化的必由之路,也是政策制定、执行的延续,是决定政策走向和采取改进措施的重要依据。(苏保忠等,2004)

两险合并实施政策作为一种典型的公共政策,通过安排、部署各种公共计划,达到全体公民都能使用资源的目的,并通过直接津贴和保险来分配财政资金。对其的分析与评价是该政策实施过程中的关键环节,评价结果既是对政策的认知与总结,也为政策的调整及优化提供重要信息。对于两险合并实施政策的分析与评价,本研究将对其政策目的及其效果进行重点分析,通过解析不同层级的政策目标,将其分解并确定分目标,解读试点城市所下发的政策文件,从而达到科学分析该公共政策效果的目的。

四、可持续发展理论

1972 年,联合国在《联合国人类环境宣言》中首次提出要将发展与环境问题联系起来;1980 年,《世界自然保护大纲》第一次明确提出人类发展与资源保护是有机结合统一的。目前,可持续发展理论被广泛接受和认可的概念是在 1987 年世界环境与发展委员会所发布的《我们共同的未来》报告中提出并正式使用的,即"可持续发展是指既能满足当代人的需要,又不危害后代人满足其需要的能力的发展"。在 1992 年 6 月的联合国环境与发展大会上,"可持续发展"得到了较具体、充分的阐发,正式成为世界共识,被写入《21 世纪议程》,可持续发展理论逐步完善。

随后,对可持续发展理论的研究逐渐延伸至社会学、经济学以及其他学科领域中,其涉及的领域广泛,内涵属性丰富多样,以公平性、持续性和共同性为原则。公平性不仅包含代内之间的横向公平,也包括代际公平,即世代之间的纵向公平;持续性是公平性的进一步体现,资源利用的可持续是人类社会可持续发展的首要前提条件;共同性是公平性的重要保障和手段,由于地球的整体性与相互依存性,要实现可持续发展的总目标,必须争取全球共同的配合行动。可持续发展理论的最终目的是实现共同、协调、公平、高效、多维的发展。一般认为,可持续发展是"社会—经济—生态"三位复合的协调发展,是一种全面的社会进步和社会变革过程。

中国的人口基数大、资源短缺和社会经济发展不平衡不充分的现实需要我国必须长期坚持可持续发展道路。可持续发展目标的实现需要资源、环境、人口、政治、经济等多内容的共同发展,需要以法治、政治、管理、科技、组织、领导等多方面能力的建设为支撑。本研究将可持续发展理论应用于社会保障制度中,即社会保障可持续性发展是不以牺牲子孙后代社会保障资源为代价来保证当代人社会保障的基本需求和权利。

本研究的两险合并实施统筹基金可持续运行,是指该统筹基金的供给要在满足当期参保人员在医疗服务和生育保障上的需求,提高人们健康水平,保障女性生育权益,创造健康平等权利环境的同时,注重保障未来生育保险和职工基本医疗保险的受益群体的基本权益不受损害,保障两险合并实施基金的未来可持续运转。两险合并实施前期的医疗保险基金池的容量会显著增加,但是医疗保险的待遇水平持续提升和未来医疗保险基金收入趋于稳定的供需矛盾问题会逐渐显现,这会增加医疗保险基金的持续支付压力,影响制度的可持续发展。

此外,两类保险各自的功能定位本身也有一定的出入,不能单纯地依靠一方的政策红利去填补另外一方的政策亏损,这样会造成"拆东墙补西墙"的窘境,不利于制度的长期发展。综合以上分析,在两险合并实施的制度改革的过程中,要高度关注两险合并实施统筹基金金额增长的当期积极效益和未来可能的基金支付压力增加的矛盾,采取积极的措施增强两险合并实施的基金池的抗风险能力,确保医疗保险未来的支付能力和制度的可持续性运转。

五、人口转变理论

人口转变是人口再生产类型从一种形态向另一种形态的过渡。人口转变理论,也称人口过渡论或人口演变论,由美国人口学家汤普森于 1929 年提出,后由法国人口学家兰德里、美国人口学家诺特斯坦逐步加以补充及完善,全面发展为一套人口理论。该理论根据出生率和死亡率发展情况将各国的人口转变分为原始的、传统的、现代的三个阶段。人口转变理论被认为是当代世界人口学界普遍认同的最重要的理论之一,主要是对人口再生产模式的历史、现状与未来规律的总结,是以人口的出生率和死亡率的现实资料为依据,解释人口的结构和规模会随时间发展而不断产生变化的理论。其理论核心就是人口发展情况与社会经济发展情况密切相关,社会经济发展情况将从原始人口再生产类型(即高出生率、高死亡率、低自然增长率)过渡到传统人口再生产类型(高出生率、低死亡率、高自然增长率),再转变为现代人口再生产类型(低出生率、低死亡率、低自然增长率)。

兰德里的人口转变理论将人口发展分为三个阶段,即原始阶段(生产力水平极低,受食物数量、战争、灾害等因素影响死亡率高,为保证人口规模而生育率较高)、中期阶段(生产力不断提高,为维持生活水平自愿限制家庭规模,降低生育率)和现代阶段(经济发展水平较高,死亡率持续下降)。汤普森的人口转变理论将世界人口增长模式分为三类:一是出生率及死亡率都较高,死亡率比出生率下降得快,多存在于亚洲、非洲等地的发展中国家;二是出生率死亡率均下降,且不久将静止甚至出现人口萎缩,以北欧部分国家和美国为主;三是出生率死亡率都快速下降,出生率下降更快,主要出现在西欧国家。

诺特斯坦的人口转变理论则是对兰德里、汤普森人口转变思想的继承和发展,其着重从经济社会发展的角度分析人口转变,提出"人口转变三阶段说":第一阶段为高出生率高死亡率;第二阶段为死亡率以更快的速度和出生率一起下降;第三阶段为死亡率的下降先于出生率的下降,且二者都下降到较低阶段。布莱克的人口转变理论将人口发展过程划分为五个阶段:高位静止阶段(出生率与死亡率在较高水平上实现均衡)、初期增长阶段(死亡率进一步下降,出生率依然较高)、后期增长阶段(出生率与死亡率均明显下降)、低位静止阶段(出生率与死亡率在较低水平上实现均衡)、减退阶段(出生率低于死亡率)。

人口转变理论主要用于分析人口转变可能的内在动因,探讨不同人口转变阶段的地区适配性,预测各个国家和地区未来可能的人口转变趋势。人口转变理论是分析人口发展现状和预测人口未来发展趋势的重要理论分析工具,说明人口出生率和死亡率随着社会经济发展由高位均衡向低位均衡发展,人口转变与社会经济发展情况存在密切关系,影响出生率的可能因素多元且复杂,不仅包括经济因素,也包括非经济因素。

人口发展情况与社会保障制度密切相关,不同阶段的人口形势和人口问题会对社会保障制度安排提出新的要求。中国的生育保险制度是保障人口均衡发展的重要制度安排,对人口生育率有着重要影响。我国的人口发展情况不仅与社会经济发展情况有关,更是高度关联于国家人口政策。生育保险和职工基本医疗保险合并政策要求参保人必须同时参加这两类保险,这有利于扩大生育保险待遇覆盖人群及参保数量,增强女性和家庭的生育意愿,改善生育条件,从而提高生育率。此外,"全面二孩"政策刺激生育需求释放,也进一步对生育率造成积极影响。生育待遇的提升和生育率的上升都对生育保险制度提出新的制度要求,在生育保险和职工基本医疗保险合并实施的过程中要注意人口政策的调整和人口结构的变化可能带来的影响,确保生育保险待遇的支付和两项保险基金的长期均衡,促进两险合并实施制度的长期稳定发展。(邝利芬等,2016)

六、社会保险基金平衡理论

基金是资金的一种,它是为某专项目的而积累起来的、具有支付性与无偿性的,有着特定用途的资金。社会保险基金是社会保障制度实施的核心条件和物质基础,是国家按照法律、政策等的规定,建立并应用于社会保障事业的一种专项基金。坚持收支平衡是管理社会保险基金的基本原则。社会保险收支平衡理论包括横向平衡理论和纵向平衡理论,横向平衡理论产生的基础是收入的代际转移,即由同时期工作的人为该期享受退休金待遇的人支付费用的理论体系,因此,该理论也被称为代际转移平衡理论,横向平衡理论的原理是当期保费收入等于当期保费支出。纵向平衡理论是关于劳动者享受社保待遇所需费用总和与其参保后所形成的基金积累额保持平衡的理论体系,也被称为个人收入纵向平衡理论。

社会医疗保险基金是指国家为保障参保人在患病期间的基本医疗,由社会保险经办机构或税务部门按照国家有关规定,在特定的统筹地区内,按一定比例向劳动者所在单位及劳动者本人征缴的保险费,以及以政府财政拨款的形式集中起来的、有专门机构管理的、专款专用的财务资源。作为社保基金的一部分,其根本属性决定了它运营的最终目的就是追求自身的平衡。关于对医疗保险基金的收支平衡的界定,不应仅仅是量的概念,还应包括质的内容。对于基本医疗保险基金而言,至少要保证政府期初所承诺的支付水平不变。由于医疗保险基金的筹资比例和筹集标准是通过保险精算原理计算出来的,政府在筹集基金时已经就基金支付的条件和保障水平做了明确的规定,基金收支平衡性要求到了期末或者基金支付条件满足时,基金支付的待遇水平应不低于承诺时的标准。

基本医疗保险基金收支平衡是指在一定时间和范围内,基本医疗保险统筹基金的收入与基本医疗服务偿付费用之间的动态平衡。基本医疗保险统筹基金在筹资环节上按照"以支定收,以收定付,收支平衡,略有结余"的原则,充分考虑支付需求与缴费能力及资金到位率之间的平衡;在支付环节上按照"以收定支"的原则,控制基金的支出,保证基金收支平衡。在收支上按照"成本-效益"原则实现效益最大化。因此,良性的基本医疗保险统筹基金运作是在充分满足参保人基本医疗需求的前提下,医疗保险统筹基金收支平衡,略有结余。根据学者估测,统筹基金结余率在 10％左右比较理想。

　　由于生育保险主要精算对象是因生育产生的医疗费用和生育津贴,职工基本医疗保险主要精算对象是医疗费用,因此二者在精算内容上存在一定差异。又因两险合并实施是将职工基本医疗保险的统筹基金与生育保险金合并且基金收支平衡的基本原则不变,因此,本研究在进行测算时将分三种情景,保障两险合并实施后统筹基金在一定前提下能够具有可持续性。

第三章 两险合并实施的关键影响因素及其机制研究

第一节 两险合并实施的影响因素分析

筹资机制、支付机制和基金管理可以说是支撑社会保险基金运行的三大主要支柱。筹资和支付对社会保险的意义就好像维护人体健康的血压平衡，是社会保险系统得以长期运行和平稳发展的重要保障(陈金甫，2011)。因此，在研究生育保险与职工基本医疗保险整合中的基金平衡问题时，筹资与支付是不可忽视的重点对象，任何对筹资与支付产生影响的因素都会影响基金的平衡。

一、影响基金筹集的因素

基金筹集主要包括筹资方式、筹资渠道、筹资水平等内容。生育保险与职工基本医疗保险长期以来都是采取按工资定比例强制征缴的筹资方式；在筹资渠道方面，个人不需要缴纳生育保险，因此生育保险的筹资渠道少于职工基本医疗保险；在筹资水平方面，生育保险也远远低于医疗保险。两险整合以后，生育保险与职工基本医疗保险共用同一个基金池，筹资的主要内容都将完全融合。由此可知，所有对原生育保险与职工基本医疗保险基金筹资方面产生影响的因素都将共同作用于整合后的基金平衡。

根据大量文献研究和前期积累的知识经验可知，影响筹资多少的直接因素主要包括参保缴费人员数量、缴费率、缴费工资基数等，参保缴费人员数量越庞大、缴费率越高、缴费工资基数越大，那么筹集到的基金数额则越多。(张盼等，2017)由相关学者的分析可知，在影响医疗保险与生育保险整合的基金平衡的风险因素中，社会经济发展水平、在职与退休职工比、人口流动状况、银行利率等属于间接影响因素。(施言，2012)这些因素属于宏观影响因素，往往是通过影响直接因素来影响基金筹集，例如社会经济发展水平的高低影响着缴费工资基数的大小，在职与退休人员结构影响着参保缴费人数的多少,从而间接影响到基金筹集规模的大小。影响因素越宏观,其对基金平衡产生的影响越弱,属于低风险影响因素。如图3-1所示,外圈因素对筹资的影响力远远小于内圈因素。外圈一般都是比较稳定的宏观影响因素,对筹资产生间接影响,在短时间内来看对筹资产生的影响力度也相对较弱。内圈则相反,属于直接影响因素且对筹资的影响力较大。(詹长春等,2018)

图3-1 医疗保险筹资影响因素

二、影响基金支付的因素

社会保险基金支付机制主要包括支付主体、支付对象、支付待遇类型、支付水平以及待遇支付方式等内容。根据试点方案的相关要求,在生育保险与医疗保险整合后由医疗保险基金作为统一的支付主体;支付对象包括所有参保职工;支付待遇类型包括疾病医疗费、产假工资和生育医疗费等;支付水平保持原两险支付待遇水平不变;在待遇支付方式方面,生育津贴以社会化方式发放,生育医疗费和疾病医疗费则按一定的支付比例进行支付。很容易发现,生育保险与医疗保险整合后支付机制的方方面面都与之前不同,都产生了一定变化。因此,可以说,整合后基金支付的影响因素就是所有影响原两项保险基金支付的因素。

对于生育保险来说,影响基金支付的直接因素主要是产假工资水平、享受生育保险待遇的人数及生育发生的医疗费用。产假工资给付标准越高,享受生育保险待遇的人数越多,因生育发生的医疗费用就越多,基金的支付数额也就越多,那么也就越来越难以保持基金平衡。在 2016 年,我国正式跨进了"二孩时代",随之而来的是大大增加的享受生育保险待遇的人数,这对保持生育保险基金平衡带来了较大的冲击。"全面二孩"人口政策在较大程度上增加了享受待遇的人数,享受待遇的人数作为影响基金支付的直接因素又间接影响了基金平衡。(曾益等,2017)

对于医疗保险而言,对基金支出产生影响的最直接的因素就是疾病医疗费用和医保政策规定的费用支付比例。参保人由于疾病产生的医疗费用越多,或者按医疗保险政策规定的费用支付比例越高,那么支付的基金数额就会越多。发病率、疾病谱变化、道德风险、医保控费方式等都是基金平衡的间接影响因素,并且很难应用模型进行量化分析,而为了能够保证相关政策的延续,一般采用较为稳定的医疗费用支付比例,因此医疗保险依然按照原有支付比例通过整合后的基金池进行报销。

第二节　两险合并实施的机制研究

一、动力机制

生育保险与职工基本医疗保险合并实施是建立更加公平可持续的社会保险制度的重要措施,能够帮助更多的育龄女性得到保障,该政策实施势在必行。因此,本部分将从两险的覆盖面、生育保险基金赤字以及基金管理存在交叉三方面阐释其合并实施的动力机制。

(一)生育保险覆盖面低于职工基本医疗保险

生育保险覆盖范围较小,参保范围主要是城镇企业职工,没有所属企业单位的育龄女性无法享受到生育保险待遇,缺乏社会公平性。在两险合并实施政策实行之前,人力资源和社会保障部公布的《2015 年度人力资源和社会保障事业发展统计公报》相关数据显示,到 2015 年末,全国范围内参加职工医疗保险人数为 28 893.1 万人,参加生育保险人数为 17 771.0 万人,现有的职工基本医疗保险参保人数比生育保险参保人数多 11 122.1 万人,这在一定程度上说明目前生育保险的覆盖人群拓面工作没有取得明显的效果。可见,现阶段实行的生育保险制度覆盖范围已经不能较好地适应社会保险制度改革发展的需要。两险合并实行一体化整合管理,主要是指对两险的参保人员在登记、缴费、管理、经办、信息系统等方面进行统一,这种整合管理有利于扩大生育保险覆盖面,使享受职工基本医疗保险的人群也可以享受到生育保险待遇,保障更多育龄女性的权益。

(二) 生育保险基金存在赤字风险

在"全面二孩"政策实施的背景下,生育保险将会对该政策的实施起到推动和保障的作用。但是仅靠现有的生育保险是不够的,在"五险一金"中参保人数少、覆盖面小、基金最少的"生育保险",想要成为新人口政策的助力器,显得有些势单力薄。(安妮等,2017)在两险合并实施政策实行之前,截至 2015 年年末,职工基本医疗保险基金收入为 9 083.5 亿元,支出为 7 953.1 亿元,累计结余为 10 997.1 亿元。生育保险基金收入为 501.7 亿元,支出为 411.5 亿元,累计结余为 684.4 亿元。两险合并实施参保范围会扩大,缴费基数总额也将随之增加,就会更加有力推动"全面二孩"政策的实施。

同时,生育保险基金来源途径单一,用人单位按照本单位职工工资总额的一定比例缴纳生育保险费,缴费比例一般不超过 0.5%,没有政府补贴或个人缴费。随着"全面二孩"政策的实施,全国范围内已有不少地区生育保险基金出现赤字,山东淄博、广东深圳、山东临沂等地区已经将生育保险的缴费比例上调至 1%,上调缴费比例会使大多数企业明显感觉到企业负担加重。然而在两险合并后,随着参保范围的扩大及参保人群的增加,缴费基数的总体数额也会同时扩大,因此企业的缴费比例也会相应下调。这一措施有利于基金的调剂使用,在一定水平上可降低用人单位缴费比例,从而可在一定水平上减轻用人单位的负担。

(三) 生育保险与职工基本医疗保险的基金管理存在交叉

1. 参保对象重叠

通过分析可以发现,我国的生育保险目前主要针对的是城镇职工,有些地市也已经开始探索灵活就业人员参加生育保险的模式,在这种模式下,只要参保人加入城镇职工医疗保险就可以同等地享受到城镇职工生育保险的待遇,这就给了灵活就业人员一个参加生育保险的渠道。我国的基本医疗保险基本实现了全覆盖,城镇职工基本医疗保险、新农合、城镇居民基本医疗保险使各个群体可以根据自身情况灵活选择,不会出现无保可参的现象。我国生育保险待遇的享受人群,其实主体还是女性参保人,通过深层分析可以发现,只有 20—49 岁的育龄女性才是待遇真正的享受对象,这个群体人数其实非常少。即使将生育保险推广到全社会,真正的育龄女性也不会有多少,对基金支出不会产生冲击。将生育保险纳入医疗保险后扩大了医疗保险的覆盖范围,也健全了医疗保险项目。

2. 报销项目交叉

生育保险和医疗保险在保障项目上的关联性是最强的。生育保险待遇包括医疗服务、生育津贴和产假，其中生育津贴是金额补助，与医疗保险关系不大；产假是假期规定，也与医疗保险没有直接联系。生育保险中的医疗服务与医疗保险关系最为紧密。虽然对生育保险的医疗费用支出已有了规定，但是参保人在怀孕、生育期间引起的疾病费用有时与医疗保险的报销项目难以分清，有时候只能依靠有经验的医疗人员进行简单的分类，这就造成了报销的困难，参保人的生育权益也无法得到保障。将生育保险的医疗服务和医疗保险进行详细的区分也会耗费过多的人力物力，诊疗费用、疾病及后遗症的医疗费用有时难以区分。如果将生育保险并入医疗保险，这部分可以通过医疗保险进行报销，医疗保险费用主要按照比例进行报销，再结合一定的疾病谱就可以做到合理支出生育医疗费用，从而更好地保障生育妇女的权益。

3. 报销模式相似

医疗保险经过多次改革发展，已经形成一个成熟的体系。患者在接受诊断和治疗时，只要携带参保证件和相关的医疗证明就可以在医疗机构专门的窗口进行实时报销，避免了手续的烦琐和先交费后报销的弊端，方便了参保人。生育行为主要发生在医疗机构，生育保险主要报销的是医疗费用，二者合并更有利于管理。对比医疗保险，参保妇女的生育行为是很漫长的，各种费用如果不能马上报销，对于困难家庭来说，也是不小的负担。同时，生育保险的报销程序比较烦琐，首先是医疗机构对生育费用进行审核，然后参保人要携带参保证明、医疗机构审核表、计划生育证明等多种资料去社会保障局的医保部门和生育保险部门进行再次审核才能报销。生育保险中的生育津贴需要发放到企业，再由企业转发给个人。这些程序完全可以简化成医疗保险报销方式，既然医疗机构能够审核医疗保险费用支出，对于生育保险费用的审核也具有权威性，没必要通过社保部门再次审核。简政放权才能有助于政府管理的创新，促进政府治理能力的现代化。两险合并后，既能够降低两险的管理成本又能够提高办事效率，同时方便参保人的费用报销。(徐琳,2013)

二、运行机制

经济基础决定上层建筑，生育保险和职工基本医疗保险的独立运行是这样，合并实施也是这样。经济补偿能力是两险合并实施需考虑的因素之一，也是制度设计、整合和发展的基础，主要体现在以下三个方面：第一，任何违背经济偿付能力而建立的社会保险制度都是难以为继的，更难以进入实际的操作层面。第二，在特定的经济基础之上，社会发展与文化理念、政治制度将成为具体保险模式选择的基础，两险合并实施也不例外。第三，依据公共政策的分析和执行相关理论可知，两险合并实施除了要考虑经济方面的因素外，还要关注政策目标的落实情况，考虑管理的执行情况，因此这也会成为制度能否持续发展的重要因素。

（一）经济偿付能力是两险合并实施可持续发展的基础

国民经济发展水平是制约生育保险和职工基本医疗保险可持续发展的决定性因素。具体来说，国民经济发展水平主要是从国家层面反映国民平均经济总量，这是生育保险制度和职工基本医疗保险制度具备经济偿付能力的最根本保证。除此之外，家庭财富和收入水平以及各地区经济发展水平和卫生资源的供给能力，则从微观层面制约着个人和社会参与及购买两项保险的能力。由此可见，上述两项制度的经济偿付能力不仅体现在国家层面，还体现在社会及个人层面。

由于城乡经济发展水平的差异性及社会环境的复杂多变，我国社会保险体系建设呈现明显的多元化特征。即使同样是以财政为主导筹资方式的社会保险，不同制度间、地域间亦存在明显的差异性。（申曙光等，2012）而生育保险和职工基本医疗保险两项制度整合的一个重要目标就是减少基金赤字，同时扩大生育保险的覆盖面和增强参保人员的获得感。然而，想要实现两险合并实施的可持续发展，必须坚持与经济社会发展水平及各责任主体的承受能力相适应，以使合并实施后的两项制度能够建立在稳固的经济基础之上。这就需要通过保险精算的方法为地方政府做出决策提供准确的承受力信息，以免地方政府为追求政绩，在短时间内大幅提升合并实施后的生育保险和职工基本医疗保险的保障水平，进而影响制度的可持续发展。

（二）两险合并实施对经济偿付能力的要求

基于对生育保险和职工基本医疗保险筹资模式的解析可知，筹资的主要责任主体有两个：一是企业，二是职工个人。因此，该制度的偿付能力实际体现在企业和职工个人的综合偿付能力上。但因为我国地区间经济发展水平差异较大，不同群体对两项制度的认同度也有明显偏差，因而推进两项制度的可持续发展，首先必须对各责任主体之间的经济偿付能力进行平衡。随着保障水平的提高和制度的全面覆盖，提升两项制度的偿付能力需要充分考虑不同群体的经济偿付能力，也要考虑保障水平与经济偿付能力是否协调，以防企业及参保个人承担的压力过大和财政资金不可持续。同时，还要防止短期内基金的过快自增长带来的参保人员医疗需求的快速释放,进而影响制度的可持续发展。

近年来,医疗费用增长过快,很大程度上是因为医疗费用的增长具有不确定性,这其中不仅存在城乡居民刚性健康需求的释放,还存在对新药品和新技术的需求。对生育保险制度来说,除了与生育相关的医疗费用(包含产检报销和分娩报销两部分)外,还有生育津贴。随着"全面二孩"政策的推进,生育保险面临的支出风险越来越大,保障范围也在不断扩大。除此之外,两险合并实施发展中还会面临其他各种风险,因此,需要建立科学的资金筹资机制及费率标准,为两险合并实施应对各种可能风险留有一定的弹性空间。

(三)人口老龄化和"全面二孩"政策对两险合并实施经济偿付能力的影响

伴随人口老龄化的快速发展,国民的医疗消费水平不断提高,根据历年卫生统计年鉴可知,老年人的住院率是15—44岁人群住院率的3—4倍,甚至更高。而对职工基本医疗保险来说,这一人群对医疗资源的消费能力显然更高。"全面二孩"政策的推行,是为了降低人口老龄化的速度和减少老年人口占比,然而,不管对职工基本医疗保险还是生育保险来说,"全面二孩"政策的实施,都同时会有正负两方面的影响。首先,对职工基本医疗保险来说,"全面二孩"政策能降低人口老龄化的速度,但新生人口在参加工作前对职工基本医疗保险基金的规模没有影响,老年人口的增加还将持续加重基金负担;其次,对生育保险来说,新生人口本身就会增加生育保险基金在生育补偿方面的支出,加之国家为提升二孩生育意愿和生育水平,也将出台鼓励性的措施提高生育补偿,而这部分补偿支出也应来自生育保险基金,增加了基金支出压力。

可见,在人口老龄化程度不断加深的背景下,生育保险和职工基本医疗保险的可持续性问题值得深入探讨,而这种对制度可持续性问题探讨的核心就在于两项制度的经济偿付能力,也就是基金的财务可持续。总的来说,基金平衡主要取决于筹资水平和赔付状况,但在筹资水平和赔付比例一定的情况下,两项制度的资金平衡则分别取决于新生儿的生育水平和参保群体当年的发病概率。在人口老龄化程度不断加深这一现实背景下,两险合并实施运行将主要面临三方面的压力。第一,老年人口占比增加势必会增加职工基本医疗保险基金的支出风险(朱海龙,2017)。因此,在两险合并实施过程中,横向上要考虑不同地区人口老龄化程度的差异,纵向上必须考虑整体人口老龄化趋势给职工基本医疗保险基金收支平衡及偿付能力带来的压力。第二，从现有数据看，人均医疗费用的增长速度经常超过城镇职工人均可支配收入和经济发展水平的增长速度，而按照当前的筹资模式及筹资标准，将难以满足参保人员不断释放的医疗需求和快速增加的医疗费用。第三，从当前的筹资模式看，生育保险的资金主要来自企业，但从社会经济发展环境和企业运营实际情况看，基金运行压力还很大，赤字风险突出。可见，合并后的生育保险和职工基本医疗保险能否具备可持续性和充足的经济偿付能力是一个值得探讨的问题。

三、保障机制

两险合并在保障经济偿付能力可平稳运行的基础上，若想持续发展，还需要建立合理的保障机制。因此，本部分将从进一步合理统筹基金的收入与支出，加强基金的管理、建立基金预警机制，以及建立统一的法律法规体系四个方面阐释两险合并实施的保障机制。

（一）合理统筹基金的收入

首先，要建立多渠道筹资机制。在我国，无论是医疗保险还是生育保险都仅仅依靠用人单位及职工共同缴费，政府责任缺失，应该强化政府的责任，建立健全多渠道的筹资机制，使缴费主体多元化。虽然两险合并后生育保险可以随着医疗保险政策扩大缴费范围，增加基金收入，但是两险的合并，让未参保生育保险的企业参保，会间接导致用人单位缴费比例上升，用人成本增加，不利于保护就业女性的利益。若将由单一主体负担的筹资模式转化为由用人单位、个人与政府一起负担的筹资模式，可以减轻企业人力成本。如可以提供多种缴费方式，让企业根据自身的能力选择适合自身情况的模式。此外，对部分小微企业而言，之前并未参加生育保险，合并后需要参加生育保险，这一举措间接提高了其医疗保险缴费水平，政府应该给予财政支持。

其次，可延迟退休年龄，提高退休职工保障。有研究表明，延迟退休年龄对基金收支平衡能够产生较大影响，可以提高基金的可持续性（李秋俞，2019）。目前，国家相关部门正在深入讨论延迟退休的方案。直接延迟退休会增加民众的负担，引起公众的不满，因此延迟退休政策必须要保持足够的弹性，推行渐进式延迟退休政策，建立公平、合理、科学的退休年龄机制。由于延迟退休会在一定程度上损害退休职工的利益，因此应该加强对他们的政策保障。具体措施有两个：一是由于老年人口医疗费用占比较高，可以考虑提高退休职工的医疗保险待遇，例如提高报销的比例，降低起付线等；二是大力发展社会性长期护理保险，为退休职工老年生活提供护理保障。

（二）合理统筹基金的支出

首先，提高生育待遇支付的公平性。经测算得知，生育津贴制度资金需求量占财政收入的比重维持在较低水平（何文炯等，2014），并且目前将生育保险纳入职工基本医疗保险在试点阶段并没有明显加重用人单位缴费负担。李秋俞（2019）通过对重庆市两险合并后基金测算得知，两险整合下提高生育待遇支付水平，当期结余赤字的年份只提前了 1 年。应当完善生育政策的配套制度，提高生育保险待遇支付的公平性。一方面，由于生育待遇支付界限不清，生育保险中的生育医疗费用补偿也可以被视作生育医疗费用，属于医疗保险中的支付范围，因而只能靠经办人员进行简单的区分，在支付范围方面容易因界限不清而出现不公平的问题；另一方面，根据现行生育保险制度，不同职业的社会成员享受不同的生育保障待遇。具体来说，不同群体缴费比例不一致，统筹范围不相同。一般来说，国家的公务人员和事业单位职工的生育保障措施相对完善，享有足够的产假福利，企业职工的生育保障次之，由于生育保险在城乡居民中没有覆盖，因此该群体基本上没有生育保障。从另一个角度来说，男性职工也缴纳了生育保险费，但是大部分地区将他们排除在生育保险保障外，该群体无法得到相应的陪产假与保障津贴。以上都说明生育保险待遇程度不高，缺乏公平性。所以，可以根据经济发展和基金结余情况及时适度调整生育保险待遇。我们不仅应该对这种"人群分等、制度分设、待遇悬殊"的生育保障制度进行改革，还要避免走向"绝对平均"，要根据中国国情进行改革，规范生育保险的参保对象和对应的保险待遇。

其次，合理控制医疗保险费用的支出。在医疗保险中，可以发现医疗资源过度浪费的现象，这归因于部分医疗机构为了盈利，追求利益最大化。因此，国家要整治医疗资源的滥用、医疗费用的过度上涨等乱象。但是，医疗消费本身的特性，医患之间医疗信息的不对称性，使得医疗机构诱导医疗消费的风险增大。因此，应该加大对定点机构的监督，积极引导就医流向，促进分级诊疗的发展，降低患者对等级较高医院的依赖，进而避免因医疗费用过度上涨造成的不必要浪费；此外，在对费用的控制中，应制定严格的监督制度，打击医疗机构的诱导行为，例如实行 DRGs 付费机制，将疾病的诊断进行分类，在这一分类下制定医疗保险报销的标准，从而实现医疗资源的合理利用。这一方式有利于医疗资源的供给方加强对医疗质量的管控，减少信息不对称下的诱导性医疗费用支出，进而控制费用。

（三）加强基金的管理，建立基金预警机制

"全面二孩"政策的实施，会使享受生育保险待遇的人数增加，从而给基

金平稳运行带来一定的风险。因此,为解决过渡时期两险合并后基金管理问题,首先,要坚持对两险合并后的基金专门账户进行审查,对基金的收支进行监督,提高基金的安全性,同时为防止参保人联合医院骗取保费,也要对医院内部进行严格的审查,规范按病种付费方式的改革。其次,要建立两险合并后科学的风险评估机制和预警体系,不仅要解决费用报销的交叉问题,还要控制生育医疗费用不合理的增长,构建两险合并后基金统筹预警机制,争取提前预知风险,并采取相应的措施进行规避。最后,由于基金统筹账户的管理要求收支相抵,不必追求过多结余,而且基本医疗保险的个人账户对被保险人个人来讲只有继承意义而没有多少增值意义,至于生育保险的适当结余所形成的储备金或调剂金,基本上属于短期资金,所以两险合并后基金的运用不必要刻意要求其保值增值。(何文炯等,2014)而且,由于社保基金投资途径相对狭窄,能够用于投资的资本市场也不够完善,相关投资人才缺乏经验,基金管理机构效率较低等,要实现基金的保值增值面临的问题会很多。因此,要加强基金的管理,明确资金的运作范围,不仅要减少不必要的资金结余,而且在基金支出较多的时候,要建立基金预警机制。

(四)建立统一的法律法规体系

要确保两险合并实施后制度的稳健可持续运行,除了合理控制基金的收入与支出水平,解决好基金管理问题外,建立和完善相应的法律法规体系不可或缺。全面依法治国必然要求包括生育保险在内的社会保障建立健全法制体系,全面建设法治社保,这是社会保障制度实现更加公平、更可持续发展的根本制度保障,也是社会保险制度更加成熟、更加定型的主要标志。缺乏法律制度或法律制度不健全的社会保险制度,就不能说是成熟、定型的制度。要全面依法治理社保,有效防范各地决策的随意性,避免基本政策的五花八门,提升基金的使用效率和综合管理效率,降低管理成本。此外,要使生育保险立法符合国际惯例。如前所述,在统计的170多个国家中进行生育保险立法的为数不少,而建立单独生育保险制度的国家极少。我国生育保险与职工基本医疗保险合并实施后,仍然保留生育保险险种,这就更加需要加强立法,为处理好保留险种与合并实施的关系提供法律制度依据。还应该看到,现行《中华人民共和国社会保险法》(以下简称《社会保险法》)中规定的生育保险条款,是生育保险的国家基本法律制度,是最高层次的立法。但由于这部法律颁布在前,生育保险和基本医疗保险合并实施在后,现行《社会保险法》已不适应两险合并实施的新要求,修改《社会保险法》已成当务之急。

第四章　两险合并实施现状分析及比较研究

第一节　两险合并实施的发展历程

一、生育保险的发展历程

新中国成立以来,一直非常注重女性基本权益的保护,从《中国人民政治协商会议共同纲领》到后期的《中华人民共和国宪法》(以下简称《宪法》)等,均明确规定女性和男性在政治、经济等多方面享有平等的权利,要实行男女平等就业制度。为了更好地发挥政府作用以维护女性平等就业的基本权益和保障女性生育,国家逐步引导建立生育保险制度,并不断完善发展。(庹国柱等,2008;黎建飞,2010;王巍,2013)总体可以分为以下三个主要阶段:

(一) 生育保险的探索阶段(1949—1988 年)

生育保险的酝酿阶段主要是对生育待遇的探索阶段,属于国家生育保障时期或者社会生育保障时期,生育待遇主要体现在相关的劳动保险条例中。1951 年 2 月颁布的《中华人民共和国劳动保险条例》(以下简称《劳动保险条例》)中将生育作为劳动的主要组成部分之一,对生育待遇的覆盖范围和保障内容进行了相关规定。其中,生育待遇的覆盖范围主要是各类企业的在职职工,生育待遇的保障内容主要包括产假、产假工资和生育医疗费用等。但受限于当时经济发展的低水平,生育保险的保障水平总体偏低。《劳动保险条例》于 1953 年进行进一步修订,将女职工的生育待遇进一步细化,增加了检查费、接生费等相关制度规定,扩大了生育待遇的保障范围,增强了生育待遇政策的可实施性。

1955 年出台的《国务院关于女工作人员生产假期的通知》着力拓展生育待遇的覆盖人群,将机关事业单位的女性纳入生育待遇的覆盖人群,并对其产假和产假工资等具体内容做出具体规定,同时对季节工、临时工等灵活就业工种的生育保险也做出一定规定。1982年9月,党的十二大把计划生育确定为我国的一项基本国策,并于同年12月写入《宪法》。自此,计划生育政策长期影响我国的生育保险制度建设。

生育保险的探索阶段主要是新中国成立早期,当时社会经济发展比较落后,国家为了加快经济发展的步伐,调动女性劳动者参与就业的积极性,提出保障女职工的生育待遇,所以当时的生育待遇的支付主体是集体经济体制下的企事业单位,也可以说当时的生育保险属于国家生育保险,生育保险金主要实行全国统筹,属于社会生育保险的探索阶段。

（二）生育保险的建设阶段（1988—2008年）

随着国家社会经济制度的变革,市场活力逐渐被激发,社会主义市场经济日趋成熟,生育保险制度也迎来了突破发展的新阶段,开始进入具有社会统筹性质的生育保障时期。

1988年施行的《女职工劳动保护规定》将女职工的生育待遇覆盖人群进一步整合统一,机关事业单位和企业的职工共同享受生育待遇,并且将女职工产假延长为90天,同时对孕期待遇和保护等其他福利政策做出详细规定。此外,该文件还废除了之前法律文件中对于育龄女职工的不公正待遇的有关规定,推动生育保险制度进一步规范。1995年1月1日起正式试行的《企业职工生育保险试行办法》,初次正式从法律高度确立生育保险制度,规定生育保险费用实行社会统筹,职工个人不缴纳生育保险费,并对生育保险的标准、筹资原则、待遇水平、待遇支付等内容进行规范。至此,生育保险制度有了明确的法律规范文件和指导方案,生育保险制度从企业剥离,由原有的用人单位负责管理转变为专门的社会保障机构管理,生育保险基金正式设立并明确了基金统筹方案,生育保险制度初步建立。

此后,相关的法律文件也进一步完善,《中华人民共和国人口与计划生育法》《中国妇女发展纲要（2001—2010年）》中都明确提出生育保险制度是人口政策和妇女权益保障的重要内容,对拓展生育保险的覆盖人群,明确生育保险的扩面指标,推动生育保险制度的规范化进程起到重要作用。此外,生育保险制度建设的试点扩面工作也在积极开展,2003年,政府在全国范围内选取大、中、小共计8个城市作为生育保险试点城市,并于2004年在北京、深圳等7个城市正式实行生育保险制度。

生育保险的建设是伴随我国的经济体制变革和社会政策调整而不断深入的,是生育保障制度实际探索的自我发展。生育保险制度的发展是社会各界对生育保险的认识不断加深,民众对于改革原有生育保险制度的现实需求不断增加的结果。生育保险的建设并不是一蹴而就的,而是逐步发展和完善的。一些地区采取先行试点的办法探索生育保险的发展道路,为《企业职工生育保险试行办法》中基金统筹方案的提出提供了现实案例,也为各地适应政策调整提供了宝贵经验。

（三）生育保险的发展阶段（2008 年至今）

生育保险的发展过程,特别注重生育保险待遇水平的提高和覆盖人群的拓展。比如 2009 年发布的《流动人口计划生育工作条例》开始重点关注流动人口的生育保险需求,并选取南京、保定等城市作为覆盖灵活就业人员的生育保险制度建设试点城市。2011 年 7 月印发的《中国妇女发展纲要（2011—2020 年）》设立与生育保险制度密切相关的专门板块——妇女与社会保障,提出生育保险制度进一步完善的目标和依托基本医疗保险体系完善发展生育保障制度的策略与措施。2012 年的《女职工劳动保护特别规定》将生育保险的假期延长至 98 天,同时规定了生育保险待遇相关费用的承担主体和哺乳假的相关细节。

2011 年 7 月 1 日,《社会保险法》对生育保险进行了规范,明确了生育保险待遇包含生育医疗费用和生育津贴,并对待遇支付情形进行全面规范说明,生育保险独立的法律地位由此建立。此外,《社会保险法》明确生育保险需要由用人单位承担缴费责任,并将对用人单位不依法缴纳社会保险费用的行为进行惩罚,增强了政策执行效力,提升了生育保险基金管理的安全性。最重要的是,《社会保险法》明确了社会保险的普惠性质,生育保险作为社会保险的重要组成部分,也要具有一定的普惠性质,这为生育保险未来拓展覆盖人群提供了法律支撑和制度保障。《社会保险法》以国家法律文件的形式高度规定了生育保险与养老保险、医疗保险、失业保险、工伤保险共同构成我国的基本社会保险体系,明确了生育保险的地位和作用,增强了各方对生育保险制度建设的关注度和重视度,标志着生育保险制度建设进入新阶段。（张威琳,2014）

2012 年,人力资源和社会保障部公开《生育保险办法（征求意见稿）》,主要对生育保险适用范围、待遇、经办管理和监督、基金的筹集和使用、相关法律责任等六块内容做了具体规定且广泛征求人民意见,体现生育保险"以人为本"的核心理念和渐进式发展的步伐。2015 年 7 月,人力资源和社会保障部、财政部发布《关于适当降低生育保险费率的通知》,文件提出在生育保险基金结余超过合理结余的地区降低生育保险费率,提高生育保险基金的使用率,生育保险制度建设继续稳步调整。2016 年,为了推行"全面二孩"政策,国家对《人口与计划生育法》进行修订,对符合法规规定生育子女的夫妻,实行了延长生育假期的奖励,生育奖励假为 30—90 天不等,且大部分纳入生育津贴支付范围,生育待遇进一步提升。2019 年的《政府工作报告》指出,要完善生育配套政策,加强妇幼保健服务。这些文件的发布,说明生育保险制度建设仍旧是卫生健康界的关注重点,具有时代意义和现实意义。

生育保障问题一直是关系社会文明发展的重大民生问题,我国高度重视生育保险制度建设,多次根据现实需要和民生要求调整完善相关制度安排,切实维护女性的生育权益和生育生活。但是,生育保险在发展过程中也有一定的问题,而且面对当下"全面二孩""三孩"政策下生育需求释放的新形势,需要采取积极的应对策略,推动制度的可持续发展。

二、职工基本医疗保险的发展历程

我国的职工基本医疗保险制度是随着我国的经济体制变革发展的,其在经济变革过程中因时而变,积极采取有益措施配合当期的社会经济要求,为保障劳动者的健康和推动社会经济发展做出了重要贡献。

(一)职工基本医疗保险的酝酿阶段(1951—1978 年)

1951 的《劳动保险条例》与 1952 年的《关于全国各级人民政府、党派、团体及所属事业单位的国家工作人员实行公费医疗预防的指示》的出台,标志着我国劳保医疗和公费医疗制度的确立,明确规定了各自的保障目标人群和保障水平,属于我国医疗保险制度建设的酝酿阶段。这两种医疗保险模式具有明显的福利特征,属于国家或者政府的医疗保障体制,符合当时我国计划经济体制的实际,在一定程度上满足了当时中国经济发展的需要。但是,这种由国家、企事业单位完全包揽职工医疗服务的体制也造成了医疗服务的需求过度,医疗保险基金的支付压力过大,国家的负担过重。

(二)职工基本医疗保险的探索阶段(1978—1992 年)

1978 年起开始施行改革开放的基本国策,国家开始进行经济体制变革,社会保障制度也随之发生重大转变。劳保医疗和公费医疗失去集体经济的重要依托发展艰难,医疗服务供需矛盾日益突出,仅全国职工医疗费用支出总额就从 1978 年的 27 亿增长到 1994 年的 558 亿,企事业单位和国家难以负担日益增长的高额医疗费用,全国各地从 20 世纪中后期开始积极开展自我探索和实践。早期改良实践的具体措施主要是从医院和患者的供需双方行为进行改良,控制医疗保险费用支出的不合理增长,检验医疗保险筹资机制,探索国家、企业、个人的三方筹资路径。但是,当时的探索实践仅仅是对传统公费和劳保医疗的补丁式局部改良,并没有从根本上扭转医疗保险的筹资、支付和管理体制,相应的药品流通和市场监管等配套机制缺失,造成改良结果收效甚微,全国各界对从根本上变革传统的公费、劳保医疗制度的呼声日益高涨。

1988 年,国家医疗制度改革研讨小组成立,并起草了《职工医疗保险制度改革设想(草案)》,1992 年升级为医疗改革领导小组,统筹制定职工医疗制度改革方案。通过国家强化的组织领导,确立了建立多层次、多形式的职工医疗保险制度方向,医疗保险费用从国家和企业共担转变为国家、单位、个人三方合理共担,职工医疗保险的国家保障策略转变为社会保障策略,职工基本医疗保险制度进入探索初创阶段。

(三)职工基本医疗保险的变革阶段(1992—1998 年)

1992 年,中国确立了社会主义市场经济体制变革的国家方略,并且确立了相应的制度改革目标和改革配套措施,职工基本医疗保险制度也随之进入变革阶段。1993 年发布的《中共中央关于建立社会主义市场经济体制若干问题的决定》明确提出要建立多层次社会保障体系,并指出其对社会主义市场经济的平稳运行和国家社会安定起重要作用。该文件指出,城镇职工医疗保险金由单位和个人共同负担,基金账户采用个人账户和统筹账户相结合的基本方式。这些政策手段都成为推动医疗保障制度改革的行动纲领。

职工基本医疗保险的变革阶段主要采取的是先点后面、以点带面的改革方式,因为这项改革波及人群范围广,具有一定的风险,先行试点的改革方式可以尽量避免政策失误可能带来的负面影响。城镇职工基本医疗保险的变革阶段的主要改革方向是建立"统账结合"的医疗保险制度。1992 年,深圳发布《深圳市社会保险暂行规定》,决定实施全市统一的医疗社会保险制度,率先在全国开展职工医疗保险改革,拉开了我国职工医疗保险制度改革的序幕。1994 年,国家体改委、财政部、劳动部、卫生部发布《关于职工医疗保险制度改革的试点意见》,决定施行"两江试点",即在镇江、九江进行社会统筹和个人账户相结合的医疗保险制度试点。1996 年,国务院决定拓展"统账结合"医疗保险试点城市,在全国 38 个城市扩大试点;同时,深圳、海南等城市也从实际情况出发,按照"统账结合"的原则自发对支付办法进行改革实践。

职工基本医疗保险的变革阶段提出的医疗保障水平要与经济社会发展水平相一致、筹资水平要与各方面的承受能力相一致的基本原则,以及社会统筹和个人账户相结合的基本制度模式都成为后来医疗保障体制建设的基本原则和制度内容,为未来的医疗保险制度的发展与完善奠定了基础。城镇职工基本医疗保险在试点过程中摸索出的医保制度改革的具体路径与制度模式都为后期的医保制度改革做出了重要引领和实践证明。

（四）职工基本医疗保险的发展阶段（1998—2008 年）

城镇职工基本医疗保险的发展阶段也是全面推进的阶段，是伴随我国国有经济深化改革而发展的，是适应我国"公有制为主体，多种所有制经济共同发展"的基本经济制度的自我发展。

1998 年，国务院顺应全国职工医疗保险全面改革的呼声，出台《国务院关于建立城镇职工基本医疗保险制度的决定》（简称《决定》），进一步明确职工医疗保险的目标、政策原则，完整构建职工医疗保险的政策框架，并明确要建立覆盖全体城镇职工的基本医疗保险制度，这标志着我国的职工基本医疗保险制度进入快速发展的新阶段。为了增强《决定》纲领的可实施性，细化相应的制度安排，国家在 1999 年 6 月底相继出台 6 篇涵盖职工基本医疗保险定点医疗机构管理、用药范围、定点零售药店管理、诊疗目录、费用结算和支付标准等多个方面的配套文件，贯彻文件传达的在全国范围内建立城镇职工基本医疗保险的主要精神。配套文件的相继出台象征着我国职工基本医疗保险的政策体系逐渐形成，制度建设具有数据化的规范指标和任务，职工基本医疗保险的各项政策要求不仅具有总体引领的作用，而且有具体可操作的方案，是推动城镇职工基本医疗保险机制建设的制度保障。

职工基本医疗保险在完善制度的同时也注重解决现实中的新问题，农民工等灵活就业人员和困难企业员工引起高度关注。2002 年出台《关于妥善解决医疗保险制度改革有关问题的指导意见》，提出要采取医疗救助或财政筹资等多种方式解决困难企业员工的医疗保障问题。2003 年出台《关于城镇灵活就业人员参加基本医疗保险的指导意见》，强调根据灵活就业人员的具体类别指定相应的参保方式、缴费办法和待遇水平，确保实现与职工基本医疗保险的衔接，拓展职工基本医疗保险的覆盖范围。2006 年出台《关于开展农民工参加医疗保险专项扩面行动的通知》，提出要在农民工集中的行业分步骤地全面开展农民工参加医疗保险工作，完善农民工的参保登记和异地就医的结算方式。

全国范围内的职工基本医疗保险的发展，有效地满足了劳动者的基本医疗服务需求，提升了市场经济体制下劳动力资源的流动性，促进了经济体制的顺利变革，保障了社会转型期的基本稳定。职工基本医疗保险的发展阶段主要以制度体系的构建和完善为主，同时注重制度保障水平的纵深发展，为后期基本医疗保险制度的自我完善夯实了基础。

（五）职工基本医疗保险的完善阶段（2008 年至今）

随着我国市场经济体制的发展，在经济发展和社会进步的同时也衍生了一系列的社会问题。城乡二元化结构分割、农民工等灵活就业人口的社会保障缺失现象日益严重等，引起社会各界的广泛关注。城乡二元结构分割政策导致我国的社会保险制度也被割裂为若干独立运行、各自封闭的板块，不同医疗保险制度之间的信息、经办管理、结算等系统各不相同，缺乏有效的衔接和转换机制，造成医疗保险待遇差别大，转移接续困难，医疗保险整体资源的利用低效。（郑秉文，2009）多元的医疗保险制度体系难以适应城镇化、工业化的快速发展，城乡二元经济结构调整开始逐步倒逼医疗保险制度进行整合完善。

2008年，国家提出要满足整合城乡之间和不同人员之间对政策制度的不同需求，探索统一的医疗保险制度建设。2009年3月发布的《中共中央国务院关于深化医药卫生体制改革的意见》明确提出，要逐步缩小各种医疗保险制度保障水平的差距，最终实现制度框架的基本统一。基本医疗保险制度的整合被提上政府工作日程。《中共中央国务院关于深化医药卫生体制改革的意见》还明确提出，3年内城镇职工基本医疗保险、城镇居民基本医疗保险和新型农村合作医疗的参保（合）率均要达到90%以上；到2011年，职工医疗保险要基本实现市（地）级统筹的制度目标，进一步扩大城镇职工的基本医疗保险覆盖面，规范职工医疗保险基金的筹集和管理办法，以农民工等流动人员的医疗保险问题解决为突破点积极推进三项基本医疗保险制度的衔接。2011年实施的《社会保险法》以立法形式规范职工基本医疗保险的支付范围、筹资机制、保障人群等相关细则，并且确立了异地就医医疗费用结算制度，方便参保人员享受基本医疗保险待遇，职工医疗保险制度建设进一步规范。

三、生育保险和职工基本医疗保险的合并实施过程

随着生育保险和职工基本医疗保险发展到一定阶段，各种相关制度体系框架日趋完善，政府工作会议中多次提出社会保障制度建设的公平可持续问题，我国开始积极探索生育保险和职工基本医疗保险的合并实施，旨在进一步提升两险的优势和功能，更好地为社会保障制度建设服务。

（一）两险合并实施的政策安排阶段

2015年12月，中央经济工作会议提出要"研究'五险一金'的精简和归并"，推动社会保障制度一体化建设进程，明确提出降低社会保险费的工作思路。此次会议提出的"五险一金"的归并思路为两险合并实施的政策开展提供了政治先导，为下一步政策的正式施行奠定了基础。2016年3月17日出台的《"十三五"规划纲要》明确指出"生育保险和基本医疗保险合并实

施","两险合并实施"工作被列入政府工作计划安排,两险合并实施工作的政治高度得以进一步确立,引起各级政府的高度重视。2016 年 4 月,《关于阶段性降低社会保险费率的通知》指出,生育保险和基本医疗保险合并实施工作,待国务院制定出台相关规定后统一组织实施,说明两险合并实施工作已经正式进入政府工作安排阶段,而不仅限于政府重视和行政指令引导,表明政府坚定开展两险合并实施工作。

(二)两险合并实施的试点安排阶段

2017 年 2 月 4 日,《生育保险和职工基本医疗保险合并实施试点方案》正式发布,国家选取河北邯郸、山西晋中等 12 个城市作为两险合并实施的试点城市,并明确"四统一、一不变"的试点内容和"保留险种、保障待遇、统一管理、降低成本"的总体思路。2017 年 2 月 17 日,相关部门召开"关于做好生育保险和职工基本医疗保险合并实施试点有关工作的通知"工作会议,明确试点工作的重要意义,这对于进一步完善社会保障体系,更好地保障参保人员待遇,提升社会保险综合效能具有重要意义。

2018 年 12 月 23 日,十三届全国人大常委会第七次会议审议的《报告》中的工作,主要依据《生育保险和职工基本医疗保险合并实施试点评估方案》开展,该方案提出强调定性和定量分析相结合并充分发挥专家的作用以考核试点工作的具体成效;《报告》中明确指出试点城市的实际工作已达到预期目标,生育保险覆盖率持续增长,两项保险基金的抗风险能力显著增强,确定了两险合并实施全国推广的工作思路。评估结果显示,两险合并实施试点工作与社会保险制度建设和社会保障事业发展方向一致,两险合并实施工作已经初步形成较为成熟的制度安排和运行机制,可以在全国范围内开展。

至此,两险合并实施试点工作的顺利开展为后期两险合并实施工作在全国范围内广泛开展奠定了实践基础,也积累了一定的群众基础和舆论基础,减少了后期工作开展的阻力和障碍,符合"以点带面"的主体工作思路。不同试点城市针对合并后医疗保险费的缴费费率、基金管理、覆盖人群、生育津贴以及产假等都做出相应的制度安排,对后期全国范围内开展具体实践具有重要指导意义。

(三)两险合并实施的确立阶段

2018 年《社会保险法》修订,在法律层面确定了"两险合并实施"的可操作性,允许试点城市根据试点情况进行相关调整,允许基本医疗保险基金与生育保险基金合并建账及核算,破除过去社会保险"五险"之间不能合并的制度障碍。2019 年 3 月 25 日,《国务院办公厅关于全面推进生育保险和职工基本医疗保险合并实施的意见》发布,确立了 2019 年全国"生育保险基金并入职工基本医疗保险基金,统一征缴,统筹层次一致"的工作方案,两险合并实施工作于 2019 年在全国广泛铺开。政策提出要在 2019 年底前实现两险合并实施,说明从政策引导到试点安排以后正式落地,两险合并实施工作进入新的发展时期。

两险合并实施工作的推广是在经过 12 个城市为期 1 年的探索实践基础上做出的战略安排,是经过实践检验的具有积极效用的制度安排,具有丰富的理论和实践基础,要随着改革工作的不断深入而逐步调整相关工作细则,充分激发各自的功能和优势,为更好、更全面的社会保障制度建设做贡献。

第二节　两险合并实施的现状分析

生育保险和职工基本医疗保险合并呼声由来已久,早在 21 世纪初期,就已经有地区对生育保险和职工基本医疗保险合并实施进行制度尝试,广东东莞、河北廊坊、广东惠州都是早期进行探索的典型地方代表,这些地方都自发地根据自身实际开展两险协同推进的摸索实践。尽管早期两险合并实施地方探索的制度建设条件尚未成熟,探索方案存在一定的问题,但是在早期生育保障制度和职工基本医疗保险制度发展不完全不充分的背景下,地方自我探索具有一定的制度前瞻性,是对社会保障制度建设一体化的自我摸索和试探,为现阶段的国家两险合并实施政策的出台提供了积极的借鉴示范,为丰富两险合并实施的理论和实践做出了重要贡献。

2018 年 12 月 23 日《报告》的发布,意味着为期 1 年左右的两险合并实施试点工作已经初步完成,且各试点城市都取得了一定的进展和成果,为两险合并实施政策的全国施行积累了有益经验,起到典型示范作用。本次试点工作对试点单位的选取具有一定的科学性。首先,试点单位有明显的区域性,基本覆盖了中国大部分地区,这种试点单位的分散性和区域性可以检验制度本身是否具有广泛适用性,试点制度的成功可以快速复制到整个区域甚至全国,以点带面的制度推广更加具有可操作性。其次,试点单位社会经济发展水平具有明显差异性,包括经济发达地区和经济欠发达地区,这样有利于检验制度实施与社会经济发展政策的匹配性,探索制度是否具备可持续发展的可能性。最后,试点单位具有一定的主观能动性和政府导向性,有的是自发主动参与,有的是政府引导参与,试点单位的自主意愿可以检验制度开展的主动性,并且可以探索制度可能遇到的阻力及阻力可能带来的影响,为试点工作的后期推广积累了一定经验。

一、试点工作思路、目标和内容

生育保险和职工基本医疗保险合并实施工作的实际操作主要分为两种路径:非试点城市的地方自我探索与试点城市的政府统筹规划安排。两种路径都是两险合并理念的实际应用和现实反馈,均对两险合并实施工作的整体推进有重要示范和借鉴意义。本书选取 3 个试点城市和 3 个非试点城市(见表 4-1),对其相关工作安排进行实证分析,剖析两险合并实施工作在实际操作中可能出现的问题和障碍,为制度优化提供保障。

表 4-1　选取实证分析的城市概况

选取类别	城市名称
试点城市	邯郸市、重庆市、珠海市
非试点城市	东莞市、廊坊市、惠州市

根据试点方案工作安排,本次试点工作的整体思路是"保留险种、保障待遇、统一管理、降低成本",试点期限持续 1 年左右,主要目标是"通过先行试点探索适应我国经济发展水平、优化保险管理资源、促进两项保险合并实施的制度体系和运行机制"。试点主要内容包括五个方面,即"四统一,一不变",各地根据自身的实际情况和有关工作基础进行试点工作安排。主要内容中的"四统一"是试点工作的具体工作要求,两险合并实施并不是生育保险与职工基本医疗保险的简单融合,而是在保障各自功能和险种独立的前提下,将管理和经办等交叉职能进行合并统一,提高相应工作效率,便利保险的供需双方,推动社会保险制度一体化进程。此外,文件明确规定,"未纳入试点地区不得自行开展试点工作",体现了国家开展两险合并实施工作的领导职能和规范性,避免各地因自发改革可能引发的政策方向错位等现实问题。经过对比分析后,选取邯郸、重庆、珠海 3 个城市作为研究试点工作进展的样本,因为这 3 个城市的试点工作在具有政策共性的同时也有自己的地方特性,符合政策试点的总体安排,对于政策实施的整体效果评价更具有代表性。在试点工作启动 1 年后,根据《报告》,12 个试点单位生育保险参保人数为 1 510 万人,增长比例为 12.6%,与全国同期增长水平 5.5%相比,具有显著成效。

二、试点工作初步成效

各试点城市根据两险合并实施前职工基本医疗保险和生育保险的实际运行状况，以及两险合并实施政策的总体要求、主要目标和试点内容，制定了符合本地区特点的实施试点方案。本书先对试点城市的总体概况进行了总结：各试点城市的许多试点方案存在共性（见表4-2），在缴费方式和缴费比例及方案实施细则等方面也存在一定的特性（见表4-3），试点城市在拓展生育保险覆盖面和增强职工基本医疗保险基金共济能力方面均取得了一定进展（见表4-4）。

表4-2 3个典型试点城市试点方案共同点

项目	共同点
覆盖范围	参加城镇职工基本医疗保险的参保人员同步参加生育保险（灵活就业人员参保方案略有不同）
缴费比例确立依据	原有的基本医疗保险缴费率和生育保险缴费率之和（机关事业单位人员的缴费比例略有不同）
生育保险制度安排	均包含生育医疗费用和生育津贴两部分
试点开始时间	2017年7月1日

表4-3 3个典型试点城市试点方案汇总表

试点城市	合并后缴费方式及比例	试点方案的主要特点
邯郸市	党政机关和全额拨款事业单位缴费比例为7.9%，其他用人单位缴费比例为8%，在职职工个人缴费比例为2%，由用人单位代为扣缴；失业人员缴费比例为8%，由失业保险金支付，失业人员个人不缴费。	① 将参加职工医保的灵活就业人员纳入生育保险保障范围，该群体不用额外缴纳生育保险费，直接纳入生育保险保障范围；② 将顺产定额补贴从3 000元提高到4 000元；③ 缩短享受生育定额补贴的等待期，等待期从缴费满9个月调整为缴费满3个月；④ 延长备案时间，生育就医备案登记时间从150天调整为210天，延长2个月备案时间，方便参保职工；⑤ 延长待遇申领时间，待遇申领时间由1个月延长为150天，保障生育待遇切实到位。
重庆市	单位8.5%，个人2%。	合并实施前的生育保险基金实际结余并入职工基本医疗保险基金。
珠海市	一档单位缴纳6.5%，个人缴纳2%；二档单位缴纳2.5%，个人不缴。	① 在原基础上扩大生育保险保障范围，增加了2个生育项目的生育津贴支付天数；② 调整生育保险支付范围的产前检查项目。

表 4 - 4　3 个典型试点城市初期主要成效

试点城市	生育保险拓面概况	保险基金概况
邯郸市	生育保险覆盖范围明显扩大,生育保险参保人数为74.33万人,参保人数较试点工作前增加46%。	基金规模明显扩大,职工医疗保险基金收入16.24亿元,基金支出12.97亿元,其中生育医疗费用支出2 434.94万元,生育津贴支出5 278.18万元,当期基金结余3.27亿元,累计基金结余26.6亿元,基金运行平稳。
重庆市	生育保险的扩面效果良好,生育保险参保人数为403.18万人,并仍有上升空间。	做大基金池,提高基金统筹共济能力,生育保险基金收入6.87亿元,基金支出11.14亿元,生育保险月人均缴费基数4 426元,较2016年月人均缴费基数增长8.96%。
珠海市	基本医疗保险参保人数为168.4万人,其中,同步参加生育保险的人数为98.9万人。	基本医疗保险基金(含生育保险)当期收入36.1亿元,当期支出33.1亿元,当期结余3亿元,其中生育保险征缴收入1.6亿元,支出3亿元,生育医疗费用享受人次3万人次,支出9 259万元,生育津贴享受人次9.4万人次,支出21 498万元。

　　试点城市的两险合并工作取得突出进展与国家的统筹领导和各地区自身的务实发展是分不开的,同时也离不开在两险发展过程中一些非试点城市主动探索积累的先进经验。21世纪初期,原劳动部提出了协同推进生育保险与医疗保险的保险一体化建设创新理念,2004年还确立了廊坊等8个城市作为两险协同推进的重点联系城市,与2017年的两险合并城市试点工作思路基本相同。但是,当时两险协同推进的工作内容与现阶段两险合并的工作内容有一定出入,当时的两险主要强调的是生育保险和医疗保险两项保险制度,较之于现阶段的生育保险和职工基本医疗保险更具有广泛性,而协同的主要内容是参保登记、参保缴费、参保管理的统一,即充分利用医保的推进机制和相对成熟的管理系统,推动生育保险的快速发展并完善相关管理职能。

　　当时对于两险的缴费费率主张分别确立、分别建账、待遇分别支付,这与现阶段的保险基金统一核算管理有一定的出入,一定程度上弱化了保险基金的抗风险能力。不过,从早期国家对生育保险和医疗保险协同推进的尝试可以看出,"两险合并"理念在生育保险正式确立的早期阶段就已经被提出并被积极地探索应用至今。所以,早在国家政策确立两险合并试点工作之前,全国各地就已经有一些区域和城市开始积极进行两险合并实施的自主摸索,例如广东省早在2016年初国家还未制定两险合并工作试点的规划安排时,就已经探索研究将生育保险和医疗保险合并,并提出5年内完成两险合并的工作目标;2014年江苏省政府出台的《江苏省职工生育保险规定》明确提出,将城镇职工基本医疗保险与城镇职工生育保险并轨运行,两项保险实行统一制度、统一政策、统一管理。此外,浙江温州、新疆乌鲁木齐等地也积极开展两险合并相关工作的自发探索。本研究选取东莞市、廊坊市、惠州市3个城市作为两险合并工作非试点城市实证分析对象,分析非试点城市的两险合并探索情况。地方的两险合并制度自我探索存在一定的共性(见表4-5)和个性,需要进一步进行具体分析。

表4-5　3个非试点城市探索方案共同点

项目	共同点
探索原则	生育保险与医疗保险工作协同推进
两险协同推进的覆盖人群	城镇职工和城镇居民
制度统筹层次	市级统筹

第三节　试点城市的两险合并实施现状分析

一、邯郸市两险合并实施的现状分析

(一) 基本情况

邯郸市位于河北省,是中原经济区的腹心,辖理6个区、1个县级市、11个县,2018年末全市常住总人口952.8万人,全市生产总值3 454.6亿元,GDP总量居全国第60位(全省第四),GDP增速高于7%,居民人均可支配收入23 117元,属于快速发展的中部城市。2016年,邯郸市城镇职工基本医疗保险参保人数为102.3万人,生育保险参保人数为51.6万人,生育保险基金收入1.11亿元,支出1.15亿元,存在一定的生育保险基金赤字,生育保险基金出现支付风险,收不抵支。

(二) 两险合并实施的主要做法

邯郸市两险合并实施的主要内容包括试点实施的范围、医疗保险金的缴费基数和缴费比例、灵活就业人员的生育待遇以及医疗保险覆盖人群的生育待遇等。其中,试点要求所有参加城镇职工医疗保险的企事业单位和团体都必须同步参加生育保险;缴费基数以用人单位上年度全部在职职工工资总额(职工工资总额按统计部门统计口径计算)为准,同时围绕缴费基

数规定缴费上限和缴费下限,具体缴费比例按照企业性质和人员性质划分不同的标准;在保障和提高生育待遇方面的主要操作是提高顺产定额补贴标准,缩短享受生育定额补贴的等待期,延长备案时间等。

(三)两险合并实施工作的主要亮点

邯郸市两险合并实施工作的主要亮点是其工作围绕拓展覆盖人群和保障职工生育保险待遇两方面展开。邯郸市是试点城市中生育保险拓面较为完善的城市,其不仅将参加职工基本医疗保险的参保人作为拓展生育保险覆盖范围的主体,还充分考虑灵活就业人员、失业人员等特殊群体的生育保险需求,为全人群提供全面的生育保险待遇,推动两险合并实施工作的纵深发展。

首先,邯郸市为灵活就业人员提供两种不同的参保方式。一是"统账结合"方式。职工医保费由个人按上年度全市在岗职工平均工资的 9.5% 缴纳,建立统筹基金和个人账户。二是"单建统筹"方式。按上年度全市在岗职工平均工资的 5% 缴纳,只建立统筹基金,不建立个人账户。采取多种方式鼓励流动就业人口参保可以增加生育保险的覆盖率,而且充分考虑到小微企业的缴费负担等问题,分档缴费可以保障制度的平稳过渡,减少小微企业的参保抵触情绪。

其次,邯郸市通过调整多项生育待遇制度安排全方位保障生育保险待遇,其主要做法是提高顺产定额补贴,缩短享受生育定额补贴的等待期,延长备案时间,延长生育待遇的申请时间等。保障生育保险待遇不降低是两险合并实施工作的重要制度要求,是生育保险制度可持续运行的关键。邯郸市通过多种方式方便参保者的工作和生活,保障并提升生育保险待遇,可以大幅度缓解参保者对于政策调整的抵触情绪,提升参保者对于两险合并实施政策调整的认同感和满意度,助推生育保险的拓面工作。

此外,邯郸市提出将失业人员也纳入两险合并实施覆盖人群,失业人员缴费比例为 8%,由失业保险金支付,失业人员个人不缴费,不额外增加失业人员的保险缴费负担。这样可以有效保障失业人员的基本生活并分解生育风险,帮助其快速重返工作岗位,体现社会保险的福利性特征,增强失业人员对于政策的满意度和认可度。

(四)两险合并实施的主要成效

邯郸市的两险合并实施试点工作成效显著。生育保险的覆盖范围明显扩大,参保人数较试点之前增长近一半,增长幅度为 46%。截至 2017 年 9 月底,邯郸市享受生育待遇人数达到 9 518 人,其中医疗待遇人次和生育津贴待遇享受人数分别为 9 518 人次和 3 094 人。统筹生育保险基金和职工基本医疗保险基金的安排以后,基金平稳运行,基金抗风险能力显著增强,为职工享受生育待遇和医疗待遇提供了坚实保障。

(五)两险合并实施的经验总结

邯郸市两险合并实施工作取得突破进展,主要归功于市政府高度重视试点工作,多次出台配套方案,并确定各项工作的时间节点和考核目标,确保试点工作的顺利开展。而且,通过不增加额外缴费的方式将灵活就业人员、失业人员全部纳入生育保险保障范围,对参保的供需双方都有积极的引导作用,在减少小微企业的参保阻力、拓展参保人群的同时,丰富保险基金池的容量,为两险合并实施工作的顺利推进提供助益。

邯郸市对于灵活就业人员等特殊人员的生育保险待遇与城镇职工有所区别,比如"职工未就业配偶、灵活就业人员符合政策规定的生育医疗费用实行定额补助,补助金额为城镇职工政策标准的 50%""灵活就业人员等人群只能享受生育医疗待遇,不能享受生育津贴",这类具有明显制度性差异的生育待遇安排可能会造成其生育保险制度不公平,滋生灵活就业人员投机参保等不良行为,导致生育保险基金的不合理利用。此外,邯郸市对于经办管理的相关制度安排不够细化,对于经办费用的报销和支付额度没有提出具体操作方案,这样可能造成保险经办机构的行为不规范,不利于政策的可持续。

二、重庆市两险合并实施的现状分析

(一)基本情况

重庆市位于国家中西部,全国中心城市,是中西部地区唯一的直辖市,辖管 26 个区、8 个县、4 个自治县,2018 年全市常住人口 3 101.79 万人,全年地区生产总值 20 363.19 亿元,GDP 增长率为 6.0%,居全国第 5 位。

2016 年,重庆市城乡居民基本医疗保险参保人数为 2 654.52 万人,其中,城镇职工基本医疗保险参保人数为 604.76 万人,较上年增加 16.3 万人;生育保险参保人数为 365.74 万人,较上年增加 11.41 万人,增长3.2%;享受生育保险待遇人数为 24.25 万人,增长 34.2%;生育保险基金收入 8.3 亿元,基金支出 13.56 亿元,基金累计结余 2.07 亿元。

(二)两险合并实施的主要做法

重庆市两险合并实施工作的原则是"市级统筹、分级管理、总额预算、缺口分担、目标考核、确保支付",强调两险的管理机制和基金管理机制的科学性。重庆市的两险合并实施工作紧紧围绕国家"四统一、一不变"的工作要求展开,大多采取常规做法,试点工作内容和国家统筹规划安排相匹配。

重庆市的试点工作方案强调政策调整之间的衔接性和试点内容的先进性,对参保登记的政策安排分为合并实施前和合并实施后两个方面,要求合并实施前但未同时参加职工基本医疗保险、生育保险的参保单位和职工,应在 2017 年 8 月 20 日前到参保所在地社保经办机构进行变更登记,维护增加相应的参保险种。对于基金征缴工作安排,明确列支"计划传递""漏投补缴"等相关工作计划,政策实施以后统一使用职工基本医疗保险险种代码向地税部门传递征缴计划,而且要对政策反应期内的基金进行追缴,用人单位及其职工补缴费率也分别按两险合并实施前和两险合并实施后两个时间段的差别费率补缴,在保障足额缴费的同时保证政策的衔接性,不额外增加参保者和企业的负担。

(三)两险合并实施工作的主要亮点

重庆市两险合并中的"待遇支付"工作特别指出,职工在生育保险定点医疗机构发生的生育或者终止妊娠相关生育医疗费用超出生育保险限额范围的部分,可以用职工基本医疗保险个人账户结算,突破了常规两险合并实施的统筹基金中只包括职工医疗保险的统筹账户而不包含个人账户的规定,这样可以增强生育保险和职工基本医疗保险的基金共济性,保障参保者享受更完善的生育待遇。要值得强调的是,先进性还体现在其医疗服务管理一体化不仅是生育保险和职工基本医疗保险的一体化,更是对养老、医疗、工伤、生育四项保险的统一管理,管理一体化的范围更广,步伐较一般试点城市较为先进,对于后期社会保险一体化制度建设具有重要示范引领作用,社保经办机构对辖区内生育定点机构 HIS 系统升级改造工作的指导和督促,也在一定程度上提升了社会保险管理的信息化水平。

(四)两险合并实施的主要成效

重庆市的两险合并实施工作取得了显著成效,生育保险的拓面工作和基金运行状况良好。2017 年,重庆市生育保险参保人数为 411.33 万人,增长 12.5%,共计 26.55 万人次享受生育保险待遇,增长 9.5%,享受职工生育保险待遇的群体数量实现有效增长。重庆市的生育保险覆盖人群拓面成效显著,生育待遇保障水平提高,两险合并实施政策措施扩大了保险基金池的规模,基金统筹共济能力显著增强,生育保险的拓面步伐明显加快;管理资源一体化整合,对于管理效能的增强和参保单位的事务性负担减轻均有积极作用,取得了良好的社会反响。

（五）两险合并实施的经验总结

重庆市试点工作的顺利开展主要得益于其政治、经济条件具有先天优势，重庆市的社会保险制度建设较为健全，在未试点前已经具有一定的两险合并实施的工作基础，减少了后期试点工作的压力，且对于政策开展可能遇到的阻力应对积极，确保了政策推动的外部环境。重庆市高度重视两险合并实施工作，提供有力的组织保障，全市社保局、财政局、卫计委等多部门全力配合，通力合作，群策群力，确保两险合并实施各项制度工作的安排到位。

重庆市的两险合并实施工作也存在一定的不足和缺陷。重庆市的两险合并实施方案尚未考虑灵活就业人员等特殊人群的生育保障制度安排，说明生育保险的拓面工程存在一定的局限性。此外，根据重庆市两险合并实施试点工作报告，2017 年 9 月底，重庆市生育保险基金赤字约 4.27 亿元，对于生育保险基金赤字如何消化等相关制度内容缺乏政策引导和风险评估，可能会损伤重庆市两险合并实施的政策红利。《2018 年重庆市国民经济和社会发展统计公报》显示，2018 年，重庆市生育保险参保人数为 439.49 万人，增长 6.9%；26.91 万人次享受生育保险待遇，增长 1.3%。生育保险的参保人数和生育保险待遇的持续增长可能会进一步威胁生育保险基金的可持续性，威胁政策的可持续性，需要进一步调整有关政策。

三、珠海市两险合并实施的现状分析

（一）基本情况

珠海市位于广东省南部，是中国首批规划的经济特区之一，是珠江三角洲中心城市之一，设有 3 个行政区，下辖 15 个镇、9 个街道，并设立 5 个经济功能区。2018 年，全市实现地区生产总值 2 914.74 亿元，GDP 增长率为 8.0%，经济发展增速处于全国领先水平，常住人口为 189.1 万。

2016 年，珠海市城镇职工基本医疗保险参保人数达 112.55 万人，增长 1.9%；生育保险参保人数为 93.91 万人，同比增长 4%。

（二）两险合并实施的主要做法

珠海市的两险合并实施工作具有一定的特色和优势及可借鉴之处。

其一，珠海市的两险合并实施参保费率采用分档策略，对于不同档次采用不同的缴费率。一档的用人单位缴费率为 6.5%，个人缴费率为 2%，与其他试点单位的缴费率基本持平；二档的用人单位缴费率为 2.5%，个人缴费率为 0。这种分档征收保险费用的策略可以避免加重企业和个人的缴费负担，缓解小微企业和职工对参保的抵触情绪，畅通政策实施的工作进程。

其二,珠海市根据就诊医院的层级采用不同的生育医疗费用报销比例,参保职工在本市二级及以下和三级医疗机构发生符合规定的生育医疗费用报销比例分别为100%和80%,同时提出,在非定点生育医疗机构产生的生育医疗费用报销比例仅为50%。这种区别对待的生育医疗费用报销政策可以有效地规范参保人员在定点生育医疗机构就医,同时助推分级诊疗的卫生政策方针,促进医疗资源的优化配置,节约医疗卫生资源。

其三,对于符合规定的失业人员、退休人员、职工未就业配偶、灵活就业人员的生育待遇提供保障。符合规定的失业人员、退休人员、职工未就业配偶、灵活就业人员均可以享受相应的生育医疗费用待遇,其中,前两类人群享受生育医疗待遇,后两类人群的住院分娩医疗费用均按照当年的城乡居民基本医疗保险的生育待遇支付,特殊群体均不可以享受生育津贴,待遇支付资金主要来源于基本医疗保险统筹基金。对于特殊人群的生育保险待遇规定可以促进制度的公平性,进一步保障生育保险制度拓面工作和国家规定的生育待遇不下降工作,提升政策红利的可及性。

其四,珠海市的两险合并实施工作细则落实到位。生育保险异地报销与本地报销同政策,生育保险待遇自缴费次月1日起即可享受,但是缴费不足1年的需要职工个人和用人单位先行垫付,缴费满12个月以后可以申请审核医疗保险统筹基金支付,在一定程度上更有利于保障职工生育保险待遇落实。规范社会保险经办机构的相关结算额度,实行按月结算,年底清算,对于产前检查、住院分娩、计生项目的相关费用额度出台规范的计算公式,生育津贴均采用企业按月垫付然后请求社会保险经办机构集中划拨的方式,这些制度安排都在一定程度上增强了社会保险经办的实际可操作性和规范性。

(三)两险合并实施的主要成效

珠海市的两险合并实施工作取得了良好效果,生育保险的覆盖人群持续增长,生育保障基本待遇显著提升。

2017年9月底,珠海市基本医疗保险参保人次达到168.4万人次,其中,同步参加生育保险的人次占比达到58.73%,参加生育保险人次为98.9万人次,增加了5万人次。珠海市基本医疗保险基金(含生育保险)当期收入36.1亿元,当期支出33.1亿元,当期结余3亿元,其中,生育保险征缴收入1.6亿元,支出3亿元;生育医疗费用享受人数为3万人,支出9 259万元;生育津贴享受人次为9.4万人次,支出21 498万元。截至2018年末,基本医疗保险基金调剂支付生育保险待遇约2.3亿元,保障了生育保险待遇的按时足额支付,珠海市的两险基金运行状况良好。

（四）两险合并实施的经验总结

珠海市良好的政策实施效果主要归功于珠海市具有良好的经济发展基础和广东省具有两险合并实施的省级导向和探索，这为珠海市的具体工作方案提供了一定的借鉴经验、舆论导向和政策导向，可以减少不必要的工作安排，缩短政策调整的适应期。珠海市的两险合并实施工作方案更加精准和细化，增强了相关工作开展的可操作性，规范了相关管理机构的工作行为，提升了管理工作效率。

珠海市的两险合并实施工作计划也存在一定的问题，比如珠海市对失业人员、退休人员、职工未就业配偶、灵活就业人员的生育保险待遇区别对待，这类特殊群体的生育待遇比城镇职工的参保群体参保待遇低很多，其中，参加基本医疗保险的灵活就业人员仅可享受 1 000 元的生育医疗费用补贴，这种明显的区别待遇会造成制度的不公平，不利于制度的可持续。此外，珠海市设置了 12 个月的生育津贴等待期，与其他城市的 3 个月或者 6 个月等待期相比还有一定的差距，这与珠海市的经济和政治优势不完全匹配，可以进一步优化。

总的来说，试点城市根据自身的社会经济发展情况及生育保险、职工基本医疗保险的发展现状综合考量，制定适合自己发展实际情况的两险合并实施方案，并且都取得了显著的实施效果，为在全国范围内开展两险合并实施工作提供了积极的借鉴和正向的示范作用，说明两险合并实施工作的全国推广条件已经初步成熟，可以将试点工作全面铺开。但是，试点城市在试点方案操作过程中均存在一定的问题和体制机制建设的障碍，需要进一步进行修正和调整，要调动一切积极因素推进两险合并实施工作的顺利开展和全面铺开。

第四节　非试点城市的两险合并实施现状分析

一、东莞市两险合并实施的现状分析

（一）基本情况

东莞市位于广东省中南部，珠江三角洲中心城市之一，下辖 28 个镇和 4 个街道。2018 年末，东莞市全市常住人口为 839.22 万人，地区生产总值为 8 278.59 亿元，GDP 增长率为 7.4%，优于国家整体的经济发展速度。

截至 2018 年底,全市参加各类社会保险的人数为 2 510.87 万人,其中,基本医疗保险参与人数为 583.30 万人,较去年参保人数 566.09 万人增加 17.21 万人,增长 3.0%;全年的社会保险基金收入和支出分别为 656.77 亿元、312.17 亿元,年末社会保险基金累计余额为 2 092.56 亿元,较去年保险基金结余 1 747.95 亿元增加 344.61 亿元,社会保险基金运营状况基本平稳。

(二)两险合并实施的主要做法

东莞市的两险合并实施工作始于 2000 年 3 月,东莞市人民政府颁布了《关于东莞市职工生育保险有关问题补充规定的通知》,将生育保险参保范围扩展到莞城和石龙两个镇街,该文件要求参加综合基本医疗保险的人必须同时参加职工生育保险,镇区属企业需要以镇区为单位参加生育保险。该政策的主要目的是试点开展外来务工人员生育保险工作,满足当时东莞市经济发展的需要,提升外来务工人员的社会保险待遇。生育保险费由用人单位缴纳。2009 年,东莞市政府颁发《关于整合我市社会医疗保险及生育保险制度的通知》,该文件明确提出"整合社会医疗保险及生育保险制度",将两险合并实施工作的覆盖范围拓展至所有的医疗保险参保者,扩大生育保险的覆盖范围。

东莞市的社会医疗保险和生育保险制度进入协同阶段,两项保险实行统一管理体制,生育保险无需另行缴费,参加医疗保险满 2 年的参保者可以享受生育医疗费用待遇。2015 年,东莞市社会保障局为严格贯彻实施广东省职工生育保险规定,又下发《关于开展生育保险费计征工作的通告》,规定东莞市生育保险缴费比例为 0.46%,自动为符合条件的参保人员增加生育保险险种,并且开始向参保者的用人单位主动征收生育保险费用。

(三)两险合并实施工作的主要亮点

东莞市两险合并实施工作安排有四项亮点。一是拓展生育保险覆盖范围,将适龄城乡居民也纳入生育保险参保人群。东莞市预计有 500 万的生育保险参保者,但是新的生育保险政策要求生育保险费用从基本医疗费用中分离出来,单独征缴。二是提升生育保险待遇,将之前的生育医疗待遇一次性定额支付转变为在生育医疗费用报销的基础上增加计划生育费用和产前检查费用,共同报销,只要是符合规定的生育医疗费用,生育保险基金均可以报销且不设置起付线和封顶线。三是调整生育津贴待遇,将参加补充医疗保险才可以领取生育津贴的政策调整为所有生育保险参保人均可领取,生育津贴的领取额度与职工工资相关联,以参保人在用人单位上年度职工月平均工资为依据。四是生育医疗费用待遇由在社会保险经办部门办理转变为由定点医疗机构实报实销,在减轻社会保险经办部门工作负担的同时为参保者带来方便,具体的生育待遇标准与是否按程序就医密切相关。

(四) 两险合并实施的经验总结

东莞市两险协同推进工作开始的时间早,在实施过程中不断改进相关政策安排,在全国两险合并实施工作安排中起到了典型示范作用,其两险合并实施工作的一些措施具有可借鉴性。首先,东莞市的生育保险职工缴费率比全国的生育保险缴费率水平低,可以缓解企业的生育缴费负担,进一步调动企业参与生育保险制度建设的积极性。其次,东莞市的两险协同推进的拓面群体不仅包含城镇职工,也包括城镇居民,这样的全人群覆盖政策可以提升生育保险制度的公平性,增强生育保险持续发展的活力。最后,东莞市的两险协同推进工作强化用人单位的缴费责任,对于漏缴生育保险费用和未足额支付生育津贴待遇的行为进行行政处罚,强化相关法律责任,更好地保障了职工生育保险待遇的落实。

东莞市的两险协同推进制度安排缺乏一定的具体可操作指标和相应的领导重视度,在发展过程中也逐步产生了一定的政策偏差,生育保险费用又单独列支进行征收,与前期的两险管理一体化政策目标相违背,可能会削弱政策执行效果。因此,在实际操作过程中仍需进一步改进,以适应新时代社会保险制度发展的需要。

二、廊坊市两险合并实施的现状分析

(一) 基本情况

廊坊市位于河北省中东部,毗邻北京、天津,位于京津冀城市群核心地带,辖2个区、2个县级市、6个县、68个建制镇、22个乡、17个街道办事处。2018年,常住人口为479.5万人,全市生产总值为3108.2亿元,GDP同比增长率为6.8%。

2017年,廊坊市医疗保险参保人数为410.8万人,比上年增加了14.7万人,生育保险和医疗保险采取市级统筹,两项保险相关工作稳步推进;廊坊市未单独启动生育保险,具体的生育保险待遇主要参照医疗保险中关于生育保险的内容。

(二) 两险合并实施的主要做法

廊坊市的两险合并实施探索工作始于2003年,廊坊市人民政府经过多次会议讨论通过《廊坊市市本级城镇职工生育保险暂行办法》，提出参加城镇职工医疗保险的单位和个人都需要同步参加生育保险，且要求市本级生育保险和基本医疗保险实行管理和服务的一体化，相关保险基金统一划拨和使用，生育保险支出单独列账管理；同时制定了生育保险机构管理和待遇支付的相关策略，采取定点医疗机构管理方式，并按基本医疗保险规定的医疗费报销比例，但是生育津贴的有关待遇支出由用人单位负担。

2009 年 5 月，廊坊市发布《关于完善城镇基本医疗、生育保险政策若干问题的指导意见》，明确指出要进一步稳步推进生育保险制度建设，强调城镇居民生育保障制度的探索建立，积极开展城镇居民生育保障试点工作，在有条件的统筹地区设立育龄妇女生育保障定额补偿基金，基金来源于城镇居民医保统筹基金，用于支付参保居民的生育医疗费用。至此，廊坊市的两险协同推进工作从城镇职工生育保险制度建设延伸到城镇居民制度建设。2016 年出台的《廊坊市城乡居民基本医疗保险实施细则》指出，对符合条件的生育住院医疗费用采取定额补助策略，其中，单胎顺产、多胎顺产、单胎剖宫产、多胎剖宫产补助金额分别为 600 元、800 元、2 000 元、2 500 元，生育补助按照基本医疗保险的有关规定确立支付范围。

（三）两险合并实施工作的主要亮点

廊坊市属于进行两险协同推进地方探索的早期先行城市，其两险合并实施探索工作是在实际摸索中逐步推进的，说明两险协同推进并非仅局限于经济发达地区，只要进行积极主动和因地制宜的自我摸索，都可以开辟出自己的发展道路。其发展过程中结合本地实际情况所采取的针对性手段和措施，具有一定的参考价值。例如，在 2003 年两险协同推进的初始阶段，为减少制度建设阻力和考虑当时医疗保险统筹基金的现实结余状况，做出暂不征缴生育保险基金的决定，等基本医疗保险统筹基金入不敷出不足以支付医疗和生育费用支出时，再根据实际情况征收。

当基本医疗保险统筹基金不敷医疗费用和生育费用支出时，可视情况再征缴一定比例的生育保险基金，但是征缴比例不能超过用人单位上年度职工工资总额的 1%。此外，廊坊市的两险协同推进探索思路与现阶段两险合并实施思路基本相同，即正确利用医疗保险的已有工作基础，将医疗保险的医疗服务管理措施和手段应用到生育保险制度建设中，保障生育津贴的社会化发放和生育医疗费用的社会统筹，确保生育职工的生育待遇落实。

（四）两险合并实施的主要不足

廊坊市两险合并实施探索工作也存在一定局限，比如，其生育保险制度建设强调生育医疗待遇落实却忽略了生育津贴的有关待遇,早期提出的生育津贴由用人单位负担的办法,大幅加重了企业的社会保险负担,会影响企业发展活力与参与政策建设的积极性,可能会产生与社会经济发展不适应的情况,对于生育保险待遇的责任主体还需要进一步的探索和规划。

三、惠州市两险合并实施的现状分析

(一)基本情况

惠州市位于广东省中南部,珠江三角洲中心城市之一,市辖 2 区 3 县。2018 年,全市地区生产总值初步核算为 4 103.05 亿元,GDP 同比增长6.0%,年末全市常住人口为 483.00 万人。

2017 年,惠州市生育保险参保人数为 155.08 万人,职工基本医疗保险参保人数为 155.08 万人,全年征收医疗保险基金 79 271 万元,生育保险基金 8 088 万元;2018 年,城镇职工参加基本医疗保险人数为 156.58 万人,比2017 年参保人数增加了 1.5 万人,增长 1.0%。

(二)两险合并实施的主要做法

惠州市的两险协同推进工作较东莞和廊坊等城市较晚,从 2011 年开始进入先行探索阶段,但是其早在 2004 年就实现了职工生育保险的市级统筹,生育保险建设步伐领先于全国多数城市,两险合并实施探索工作也走在广东省前列。2008 年,惠州市人民政府发布《惠州市城镇职工生育保险实施办法》,明确提出生育保险工作应坚持贯彻与城镇职工基本医疗保险协同推进的原则,当生育保险基金难以维持时由政府统筹解决,对生育保险待遇的条件和生育保险基金管理与支付相关内容提出政策要求。当时的生育待遇主要包括生育医疗费、一次性分娩营养补助费,其中,营养补助费主要按照上年度全市在岗职工月平均工资的一定比例支付,并不是全额支付。

2010 年 10 月 18 日颁布的《惠州市社会基本医疗保险办法》提出,将惠州市城镇职工基本医疗保险与城镇职工生育保险合并为城镇职工基本医疗保险,两项保险实行统一制度设计、管理,社会基本医疗保险费由用人单位、个人和财政三方共担,职工医保费与生育保险费统一征收管理。该文件还进一步细化综合基本医疗保险的缴费标准、资金来源渠道、待遇支付标准等多项制度安排,符合规定的生育医疗费用与缴费期限有关,缴费满 6 个月的医保基金支付比例为 70%,缴费 6 个月以上的医保基金全额支付,女职工的生育津贴待遇要求缴纳职工补充医疗保险才可以落实。

同年,惠州市政府结合当时的实际和建立健全城乡一体化居民生育保

险制度的要求,颁布《惠州市居民生育保险暂行办法》,文件提出居民生育保险实行属地管理,生育保险补助资金纳入居民基本医疗保险基金,两项资金实行统一管理,凡参加惠州市居民基本医疗保险的居民都可以按照法律规定享受生育保险待遇;同时,规定了市、区、县各级政府的财政补助标准,市政府补助标准为每人每年1元,区、县政府补助标准为每人每年2元,其中生育保险补助资金的主要来源是政府财政投入。居民的生育保障待遇不仅包括生育医疗待遇,还包括计划生育费用和产前检查等相关费用。惠州市在2015年进一步巩固两险并轨制度,增加职工生育津贴待遇标准,根据当地人力资源和社会保障局的相关工作人员预估,这项制度安排预计可以减轻企业5.8亿元的负担。

(三)两险合并实施的主要成效

惠州市的两险合并实施探索工作取得了显著成效。从2010年两险合并实施规范文件的执行效果来看,生育保险和医疗保险并轨运行实施1年以后就取得了明显效果:2011年职工生育保险参保人数显著增加,仅1年就增加了53.07万人(2010年81.82万人,2011年134.89万人),增长了65%。惠州市的两险合并实施探索工作相对完善,基本实现了制度设计、征缴方式、经办管理、保障项目和支付办法的五项制度统一,覆盖人群包括城镇职工和机关事业单位人员,甚至包含灵活就业人员和退休人员,生育保障实现了人群的全覆盖。

惠州市的两险合并实施探索工作开始时间较早,且政策探索的前期基础比较好,这些优势都为惠州市具体的两险运行自我探索工作提供了积极保障,为工作的顺利开展提供了助益。而且,惠州市两险并轨的"五统一"政策与现阶段两险合并实施试点工作的"四统一、一不变"基本一致,体现出其相关工作探索的科学性和先导性。

(四)两险合并实施的主要不足

惠州市没有针对生育保险人数的激增带来的生育保险基金支付压力增大与企业减负不用单独缴纳生育保险费带来的生育保险基金收入缩减之间的矛盾提出有效的策略,这会对生育保险基金的抗风险能力造成威胁,不利于政策的可持续,需要进一步改善政策细节,规范相关制度安排。同时,惠州市对于灵活就业人员等特殊群体的缴费负担的责任主体并没有明确,早期灵活就业人员的参保缴费需要自行负担,与灵活就业人员的收入能力不相适应,需要对特殊群体的缴费责任进行分担,让特殊群体真正有能力、有渠道进入基本医疗保险和生育保险的覆盖范围。

第五节　两险合并实施过程中关键问题分析

国家试点城市的试点工作和非试点城市两险合并的自我探索均取得了积极成效,但在试点和探索进程中,各试点城市和非试点城市无论在制度设计环节还是在实际运行过程中均存在着不同程度的问题,其中,一部分是生育保险制度本身自有的问题,还有一部分是合并实施中存在的特有问题。这些问题关系到未来两险合并工作可持续运行的程度,需要在两险合并实施可持续进程中重点突破。

一、特殊群体参保政策不健全

两险合并工作的首要内容就是"统一参保登记"。参保登记是关系确定两险覆盖人群的首要问题。从目前两险合并工作开展情况来看,城镇职工医疗保险的覆盖人群必须纳入两险合并的保险范围内,但是对灵活就业人员等特殊群体的参保问题却普遍存在争议,相关人员的参保条件、缴费比例与缴费基数、待遇水平等问题长期难以解决。

从 12 个试点城市的现状来看,目前只有邯郸、威海、合肥、昆明、泰州、珠海、岳阳 7 个城市对灵活就业人员的参保缴费问题在试点方案中予以明确说明,近半数试点城市仍未涉及灵活就业人员的社会保险待遇安排。但是,上述 7 个试点城市的方案说明中也多存在规定模糊或待遇不公平现象。比如,珠海规定本市户籍的灵活就业人员参加城镇居民医疗保险可以享受城镇居民的生育医疗费用待遇;泰州和昆明要求灵活就业人员仍旧按原缴费率进行缴费,没有调整相关待遇标准等。此外,个别城市在早期的自我探索和当下的调整中也鲜少提及灵活就业人员的参保待遇问题,如惠州虽然考虑到灵活就业人员的参保问题,但是要求自主缴费。受长期固有的城乡二元结构和经济体制变革调整等多种因素影响,我国的灵活就业人员占比相当大,2003 年劳动保障部统计的灵活就业人口数量就已经超过 1 亿,占总劳动人口的四成左右,他们为中国的社会经济发展做出了重要贡献,十九大报告和最新的政府工作报告多次肯定了灵活就业对提高就业率的重要意义。现阶段灵活就业人员包括多数的农民工群体、小时工、自由职业者等,是国家关注的重点人群,其中,多数灵活就业人员具有非全日制、临时性、工作弹性大、收入低、收入来源不稳定、工作单位和工作场所变更频次高等特征,这些特征造成其缴费能力较低、参保积极性差和投机参保性强,也导致多数地区对将灵活就业人员纳入两险合并实施参保范围的主动性偏低。但是,灵活就业人员的群体规模和对社会经济发展的巨大贡献要求完善相关社会保障制度建设,不然可能会对社会经济发展产生不良影响,甚至会影响社会稳定。此外,试点城市和非试点城市两险合并实施中相关政策规定与灵活就业人员自身缴费能力也存在一定的不协调,虽然多数城市规定以社会平均工资的 60%作为灵活就业人员生育津贴的基数,但现阶段贫富差距较大,社会平均工资与多数灵活就业人口的平均工资水准相差甚大,相当一部分灵活就业人员的收入水平尚未达到缴费水平,致使其缴费负担相对过重,所以,灵活就业人员本身的参保积极性比较差。

两险合并实施过程中失业人员和退休人员的覆盖面较小。试点城市中仅有邯郸一个城市对此群体的缴费比例做出明确说明,其他城市的试点方案中都未提及这类群体的缴费方案。相较于在职职工群体,失业人员和退休人员本身就处于相对弱势地位,其生育待遇的缺失可能会对社会保障制度建设的公平性造成不良影响,需要进一步妥善安排。

男性职工的生育待遇和职工未就业配偶的保障也存在一定问题,后者仅邯郸、珠海 2 个试点城市有所提及,前者没有城市提及。在职的男性职工体量大,且均需要按规定缴纳生育保险费,却难以享受相应的生育医疗待遇和生育津贴待遇,权利和义务相违背,损害了男性职工的参保积极性。因此,可以适当给予男性职工一定的生育产假待遇和生育家庭补偿,同时,将一定的参保男职工的未就业配偶的保险待遇纳入考虑范畴,帮助更多的女性度过生育困境期。

二、生育保险基金管理存在缺失

两险合并实施工作的主体思路是借用医疗保险成熟的体制来发展生育保险,而不是单纯地用医疗保险救济生育保险。在两险合并实施工作中,生育保险基金管理问题存在缺失,主要体现在三个方面:一是国家降低社会保险费率的政策要求导致生育保险基金收入减少,二是国家"全面二孩"政策的实施带来的生育需求释放导致生育保险基金支出增加,三是生育保险保障内容中生育津贴的福利性保障制度在两险合并实施中存在一定的不适应性。

首先,国家降低社会保险费率的政策要求导致生育保险基金收入减少。我国从 2015 年开始先后对社会保险费率进行了 5 次降费调整,2019 年 4 月 1 日出台《降低社会保险费率综合方案》,以确保企业社会保险缴费负担实质性降低,增强企业发展活力。特别是自 2015 年 7 月 27 日发布《关于适当降低生育保险费率的通知》以来,全国各地积极开展生育保险费率降低的工作安排,多数地区将原本占用人单位职工工资总额1%的缴费比例降至0.5%,广东东莞的生育保险缴费率甚至降到0.46%,晋中的缴费率更是降至0.4%,生育保险费率降低在为企业减负的同时也造成生育保险基金收入的减少。

其次,"全面二孩"政策的实施带来的生育需求释放导致生育保险基金支出增加。基于现阶段我国社会经济发展下的新的人口发展战略需要,党的十八届五中全会明确提出允许一对夫妇可以生育两个孩子的计划生育新政策,以及后来出台的"三孩"政策,对我国的社会保障制度建设具有重要影响。根据国家统计局网站数据显示,"全面二孩"政策仅实施1年,全国住院分娩的活产数就已达到1846万人,同比增长11.5%。虽然目前人口出生率有所下降,但国家仍采取多种政策激励手段刺激生育,我国未来的人口出生率仍旧可期。人口出生率的增长致使享受生育保障待遇人群激增,生育待遇刚性增长又会给生育保险带来一定的支付压力,生育基金缺口形势日趋严峻,生育保险面临的新形势对生育保障制度提出新的要求和期待。

最后,生育津贴发放存在制度障碍。我国的生育保险待遇主要包括两方面内容:生育医疗费用和生育津贴。其中,生育医疗费用与医疗保险存在高度重合,可以利用基本医疗保险的医疗待遇报销予以解决,而生育津贴是对员工生育期间基本生活的保障,属于福利性政策规定,与医疗保险的相关性小,不应该完全由医疗保险基金统筹解决其支付问题。生育津贴的支付是生育保险支付可持续的关键,占生育保险待遇的绝大部分,比如沈阳的生育津贴支出是生育医疗费用支出的6倍左右,泰州的生育津贴支出是生育医疗费用支出的2倍左右(见表4-6),昆明的生育津贴发放比重占到总医疗费用的87%。生育津贴的计发基数有明确规定,需要按照用人单位上年度职工月平均工资计发,但是多数生育群体年轻态、收入水平低等特征造成其生育津贴待遇与自身的缴费水平不匹配,这会给生育津贴基金支出造成一定的缺口。此外,各试点城市生育保险津贴待遇支付期限政策不统一,而且存在局部缩短支付期限等相关调整政策,需要引起重视,可能会增加参保者对生育保险制度的抵制情绪,造成一定的社会不稳定。

表4-6　部分城市2017年7—9月的生育待遇支出　　　单位:万元

城市	生育医疗费用支出	生育津贴支出
沈阳市	1 028	6 257
泰州市	1 376	2 636

三、生育保险制度建设不完全

两险合并实施工作包括生育保险和职工基本医疗保险两个主体,两险合并的主要内容就是将两险部分制度合二为一。前期制度建设是两险合并实施工作成功与否的关键,生育保险制度缺失会在一定程度上阻碍两险合并实施工作的开展。生育保险制度作为我国基本社会保险的重要组成部分,与医疗保险、养老保险、工伤保险、失业保险地位平等,共同构成我国的基本社会保险体系。但是,生育保险制度建设相对缓慢及诸多的不合理导致生育保险长期处于"小"险种的地位,参保人群长期难以拓展,社会各界对生育保险的认识水平和重视程度都不高,阻碍了生育保障制度的建设进程。生育保险制度建设不健全主要表现在立法滞后、生育保险发展不平衡、缴费责任主体过于单一、统筹层次较低等方面。

第一,生育保险的立法滞后。在生育保险长期发展过程中,生育待遇的相关规定都存在于劳动关系的规范中,而生育保险又与计划生育政策长期关联,生育政策又广泛存在于计划生育政策中,因此二者均有权对生育待遇做出规定,但二者与生育保险隶属的行政部门不同,这就导致政出多门。各部门对相关生育待遇标准的规定不同,提出的生育保险的覆盖范围、覆盖对象又存在一定的交叉、重叠,这就导致生育待遇规定存在差异和不协调性,比如对产假天数的设定就存在差异。截至目前,我国缺少一部统一的生育保障法律,对各相关部门及其职能未进行统一规划和集中管控,导致生育保险政策规定长期处于混乱不协调的状态。而且,《社会保险法》作为指导五项基本社会保险制度建设的纲领性文件与社会保障根本大法,其中有关生育保险的政策指导意见仅有第六章的四条相关规定,这与生育保险的地位和功能是完全不匹配的。

第二,生育保险发展不平衡。《社会保险法》中明确规定,生育保险待遇包括生育医疗待遇和生育津贴待遇,但各地在发展过程中设置的待遇标准却存在明显差距,尤其是生育津贴的保障对象和待遇标准,比如多数试点城市规定的产假天数都是 98 天,但邯郸、昆明是从 15—158 天不等,泰州则是从 10—128 天不等。不同城市产假天数的设定不同,而且各个城市的生育津贴计发方法也存在一定差异,同时各地关于生育待遇的相关规定也不尽相同,如云南等地推出生育营养补助费,江苏等地则有配偶护理假和护理假津贴。生育保险待遇的差异导致了各地生育保险制度发展不平衡。

第三,生育保险的缴费责任主体过于单一。生育保险自产生至今,从依靠集体、国家的统筹支付到如今依靠用人单位的完全负担,个人始终不需缴费,生育保险长期面临着缴费主体过于单一的困境。生育保险制度规定完全由企业负责缴费负担,与养老保险和医疗保险强调的权利和义务关系对等原则不相匹配,与工伤保险和失业保险完全的企业关联责任不尽相同,与生育的社会效用也并不协调,需要进一步改善生育报销的缴费责任,将个人和国家纳入生育保险的缴费主体群体,拓展生育保险基金的资金来源。

第四,生育保险的统筹层次较低。由于生育保险发展起步较晚,发展历程长期比较迟缓,生育保险的统筹层次也就长期偏低,比如合肥和邯郸等试点城市,在开展两险合并实施试点工作以前,长期以市本级和县级为生育保险的统筹层次。统筹层次过低会影响生育保险政策执行效力的发挥,损伤生育保险基金的抗风险能力,对生育保险制度建设各项工作效能的发挥产生不良影响,需要进一步提升生育保险的统筹层次。现阶段,全国范围内已广泛开展生育保险的市级统筹相关工作,但仍面临一定阻力,需要进一步加强政策的执行力度,加快提升生育保险统筹层次的建设步伐。

四、两险合并实施的制度缺陷

针对两险合并实施工作,无论是政策试点还是城市自我探索都取得了一定的进展,说明这项政策具有一定的先进性和可推广性,但在政策执行的过程中也产生了一些问题。对政策取得的成果需要充分肯定,但是对政策存在的问题也必须高度重视。两险合并过程中产生的主要问题包括动态保险缴费率的制度建设缺失、生育待遇的落实情况存在一定漏洞、部分城市统筹层次有待提高、配套管理机制不健全、两险合并的宣传力度不够,以及缺乏一定的评估和监测机制。

第一,动态保险缴费率的制度建设缺失。目前两险合并实施试点城市基本都采用生育保险和职工基本医疗保险的缴费费率之和作为合并后的缴费标准,这存在一定的风险性和不合理性。因为两险合并涉及医疗保险基金和生育保险基金两项基金,尤其是医疗保险基金体量庞大,两险合并以后共有的基金总体体量会大幅度增加,基金的抗风险能力也会显著增强,但也可能会出现结余过度,对社会保险制度的收支平衡机制造成一定影响。国家实施的进一步降低社会保险费率为企业减负和"全面二孩"等政策,人口老龄化、高龄化发展以及慢性病高发的态势,在造成两险基金池收入减少的同时会增大支出规模,对基金的整体收支平衡机制造成一定影响。所以,单纯依照两险缴费率之和确定两险共同缴费比例过于保守和刻板,应根据两险合并下独有的社会经济背景和现实需要制定灵活的缴费费率,并根据现实条件的改变及时做出调整。

第二,生育待遇的落实情况存在一定漏洞。生育待遇主要包括生育医疗费用和生育津贴,两险合并实施的重要工作内容就是"保障生育待遇不降低",这项工作安排符合社会保障制度发展的刚性原则。生育医疗费用的支付项目基本与医疗保险的报销目录相融合,各地生育医疗费用基本施行费用包干制,生育医疗费用由生育保险基金全额支付。但由于各地的经济发展状况不同,医疗卫生技术条件也不同,医疗费用差距甚大,各级单位对生育医疗费用的支付范围缺乏明确规定,存在支付标准难以确定的问题,因此,需要进一步对生育医疗费用支付范围进行统一规定。对于生育津贴的发放问题目前全国各地缺乏统一标准,各地规定的产假待遇不一样,生育津贴发放的比重也不相同,可能会造成各地的福利攀比,需要进一步从国家顶层设计层面进行统一规范管理,同时重新考量生育津贴的支付责任主体,对是否应该与医疗保险共享资金池,让医疗保险平摊生育津贴的福利补偿等问题进行进一步的理论研究。

第三,两险的统筹层次有待提高。统筹层次的提高不仅可以增强保险基金的抗风险能力,也可以推动信息化建设,增强管理势能,提升管理效率,进一步方便参保者、用人单位以及保险经办机构,节约管理资金,是一项一举多得的政策安排。提高保险的统筹层次还可以促进特殊群体的参保,拓宽保险的适用群体和实施范围,破除灵活就业人员尤其是外来务工人员的参保体制性障碍,提升体制机制建设的公平性。但是,目前两险合并实施的统筹层次问题还未完全到位,尤其是基金的统筹层次,比如泰州提出对两险实行调剂金制度上的市级统筹,按照各地上季度实际征缴的职工基本医疗保险统筹基金的3%提取风险调剂金,这与真正意义上的基金统收统支目标还有一定差距,在一定程度上会削弱统筹基金的抗风险力度,不利于平衡各地的两险基金。

第四,配套管理机制不健全。两险合并的重要工作内容包括"统一管理、降低成本",两险合并涉及管理的多个板块,包括参保缴费和待遇支付等内容,需要统一的信息系统建设。比如郑州就是依托"互联网+社保平台"的创新性工作模式高效推进两险合并实施的试点工作,这个多层次、全方位的网上经办平台包括缴费工资申报等4大类26项社会保险业务,促进了网上经办与试点工作的高度融合。但是,还有一些试点城市存在两险业务板块契合度和流畅度较低的问题,影响了保险的业务经办能力。此外,配套的宣传和评估机制不健全。目前两险合并正处于拓面阶段,拓面的主要来源是小微企业,但是小微企业的参保积极性和对政策的认同度不高,需要进行广泛的制度宣传和引导,让企业和参保者认识到参保的重要意义和有益作用,减少小微企业的参保阻力。

第五,两险合并的宣传力度不够。2017 年 6 月 1 日起,全国范围内的 12 个城市开始实施两险合并,考察期为 1 年,国务院发布的具体实施办法也是传达到这 12 个城市,其他的非试点机构并未了解相关的情况,这就导致了合并之后很多城市没有深刻理解具体的实施办法,在实施的过程中也无法顺利进行。

第六,缺乏一定的评估和监测机制。虽然人社部、财政部等多部门在 2017 年年底对 12 个试点城市开展了试点考核评估工作,但仍缺乏足够的指导和统筹安排,对于考核评估的指标设计和具体成效缺乏一定的客观依据,需做进一步改良。

第五章 两险合并实施的实时效果评价研究

通过前面章节分析可以发现,两险合并实施的国家试点和自我探索工作均取得了积极成效,但在试点和探索过程中暴露出了其在制度设计和实际运行方面存在的问题,在未来可能会影响两险合并实施工作的持续运行,需要进行深入剖析和重点突破。基于此,本章将从两险合并实施的政策精神出发,对两险合并实施的相关文件进行梳理分析。要想从根本上解决两险合并中的这些关键问题,需要从本质上认清两险合并实施的关键目标所在,以及试点城市对上级部门政策精神的执行情况。因此,本章将以"目的—目标—措施"为研究思路,逐步厘清两险合并实施的政策目标,同时分析试点城市的政策落实情况。在此基础上,本研究将进一步以国家确定的12个试点城市之一的泰州市为例,通过数据收集和分析,就泰州市两险合并实施的实时效果进行分析和评价,具体包括对上级政策目标的执行情况,以及自身在发展中取得的成效。

第一节 两险合并实施的政策分析

政策安排是行动计划的重要准则,影响具体工作方案的制定和工作效果考核指标体系的构建,完整、科学的政策分析可以及时发现工作缺陷,减少决策失误,改善决策低效等,增强工作方案的可行性,更好地实现政策目标。所以,两险合并实施的政策效果分析具有必要性和重要性。一般情况下,政策分析需要逐级细化和具体化政策目的、政策目标、政策措施。其中,政策目的较为抽象,具有一定的宏观性,是某项政策所希望坚持的宗旨或者方针,该宗旨或方针具有一定的特征,一般表现为普遍性、统一性、终极性。政策目标则较为具体,是为实现某项政策目的所分解出来的某种政策追求和政策结果,该政策追求或政策结果同样具备一定的特征,具体表现为特殊性、阶段性、个别性。政策措施较之政策目标更加具体,是保障政策目标实现的相关细则和具体策略。政策目的—政策目标—政策措施是逐级细化政策分工的一个过程，是以采取政策措施为手段和方式，以具体政策目标实现为着力点，以最终实现政策目的为核心的政策分工过程。三者共同作用，形成最后的政策实施效果。

本研究重点以对国家当前的两险合并政策和试点城市的两险合并政策的独立分析和匹配分析为例，探讨三者的逻辑关系和影响力，为之后试点城市两险合并实施的实时效果评价做政策积淀，为规范工作安排和考核工作效果提供重要依据。

一、国家层面的政策分析

针对现阶段我国生育保险方面存在的诸多问题和面临的风险与挑战，在健康中国战略和更高质量社会保障体系建设的重要背景下，基于社会主义和谐社会建设和民生问题改善的视角，2016 年 3 月 17 日正式发布的《"十三五"规划纲要》明确提出了"将生育保险和基本医疗保险合并实施"的工作方针，旨在解决广大人民群众在现实生活中最迫切需要解决的医疗难题和生育保障问题，提高人民的生活质量，提升人民的幸福感。

中国社会保险制度的大规模变革从 20 世纪 90 年代的国企改革开始，社会保险制度建设取得重大进展，就业人员的"五险"（医疗、养老、工伤、失业、生育）制度建设趋于稳定，保险制度的覆盖人群也逐步拓展。2017 年 2 月，国务院下发《国务院办公厅关于印发生育保险和职工基本医疗保险合并实施试点方案的通知》，明确提出在江苏泰州等全国 12 个城市推行两险合并实施试点工作安排，并且允许 12 个试点城市暂时调整使用《社会保险法》中有关规定，给予试点城市政策试点工作一定的法律支撑。至此，涵盖全国 12 个城市的两险合并实施试点工作正式展开，各相关主体政府部门也积极响应国家政策要求，出台相应的政策方案，两险合并实施的政策体系逐步趋于完善。

这里有必要说明一下两险合并实施的特殊性。推进两险合并实施试点是国家"十三五"规划的内容之一，即试点先行再逐步推开。目前，两险合并实施的改革处于试点探索并逐步深入的阶段。国家政府决策部门根据多种因素综合考量选取泰州、重庆、邯郸、珠海等 12 个城市作为两险合并实施的试点城市，以"解放思想、因地制宜、大胆创新"为主要政策指导思想引导建立适合我国基本国情的两险合并实施的政策体系和行动方案。国家在两险合并实施工作中负责制定主体政策框架，提出改革的主体思路，进行试点工作的统筹管理；各试点城市在国家引导的基础上结合本地市的现实情况，因地制宜开展试点,制定针对性的试点工作方案;国家对试点城市的工作进行考核和总结,对试点方案进行逐步修正和完善,最后再进一步推广,直至在全国范围内普遍推行。该工作方案可以概括为"先试点,后推广"两险合并实施工作模式。国家层面的两险合并实施政策文件仅明确了改革的政策目的和政策目标池,缺乏针对具体的改革措施的相关政策。

本研究将选取1个试点城市对试点城市两险合并实施政策效果进行针对性分析,讨论国家两险合并实施的政策目的、政策目标与试点城市的政策文件中的政策目的和目标的匹配度,为科学评价两险合并实施的政策效果提供重要支撑。

二、试点城市的政策分析

(一) 政策分级和筛选条件

为更好地对后续试点城市进行针对性效果评价研究,本研究采用以泰州市政策分析为主、其他试点城市的政策分析为辅的方式,探讨两险合并实施的试点城市政策执行现状。为保证全面、系统地收集试点城市在两险合并实施探索时期的相关政策文件,本研究主要对试点城市进行政策分级归纳和筛选处理。

1. 政策分级条件

试点城市一级政策文件:主要由试点城市的地方人民政府发布的两险合并实施的纲领性文件。

试点城市二级政策文件:主要依据试点城市两险合并实施纲领性文件中具体内容和工作要求发布的、更加具体的试点城市两险合并实施的纲要性文件。

试点城市三级政策文件:主要依据试点城市具体的两险合并实施纲要性文件发布的执行性文件,该文件中包含具体政策措施和行动安排。

不同级别的政策涉及的内容各不相同。一般情况下,试点城市一级政策文件会提出试点城市两险合并实施的总体目的;试点城市二级政策文件涉及试点城市两险合并实施政策的具体目标内容;试点城市三级政策文件政策是为实现试点城市二级政策文件中提出的两险合并实施具体目标而发布的具有执行性的政策文件。

2. 政策筛选范围

政策筛选时间范围为2016年3月—2019年5月,两险合并实施工作开展期间,以江苏省泰州市相关政府部门发布的两险合并实施改革相关文件(信息采集渠道为泰州市人民政府、医疗保障管理部门、卫生部门等相关部门官方网站)为主要来源,其他 11 个试点城市的政策改革相关文件(信息采集资料方式与泰州市相同)为重要参考。本部分研究仅以网络上可获得的政府官方网站发布的两险合并实施试点文件为政策效果分析的主要研究对象,试点城市内部文件等非公开性的文件均不纳入本研究政策筛选范围。

(二) 政策内容分析

根据研究设定的国家层面政策筛选条件和政策分级条件进行试点城市政策筛选分级,首批开展两险合并实施试点工作的 12 个试点城市共发布两险合并实施相关政策文件 34 部,泰州市发布相关政策文件 4 部,占试点城市政策文件总量的 11.76%,居于试点城市政策发文数量的中上游。依据统一标准口径对泰州市两险合并实施相关政策文件进行筛选认证,并对政策要点进行集中梳理提炼,将政策资料进行汇总统计,泰州市政策文件的分级结果为:试点城市一级政策文件 1 部、试点城市二级政策文件 1 部、试点城市三级政策文件 2 部,分别占总数的 25%、25%、50%(见表 5-1)。

表 5-1　泰州市两险合并实施相关文件汇总

城市	试点城市一级政策文件数	试点城市二级政策文件数	试点城市三级政策文件数	文件总数
泰州市	1	1	2	4

1. 泰州市两险合并实施政策目的与国家基本协同

2016 年 3 月—2019 年 5 月,泰州市共发布 1 部试点城市一级政策文件,1 部试点城市二级政策文件和 2 部试点城市三级政策文件。通过对各个层级政策文件内容的梳理,本研究清晰地总结出具有泰州市特色的两险合并实施的政策目的(详见表 5-2)和政策目标。

从政策目的来看,国家的政策目的主要围绕"建立两项保险长期稳定可持续发展的制度体系和运行机制"展开,泰州市的政策目的则是为国家探索建立两项保险长期稳定可持续发展的制度体系和运行机制提供参考,二者具有承继性和贯通性,泰州市的政策目的对国家政策目的的实现提供了重要的参考和借鉴价值,可以为国家政策目的的设定起到重要的实证论证作用。

从政策目标角度而言,泰州市两险合并实施政策目标与国家的政策目标整体方向一致。上文已明确了我国两险合并的整体目标为推进医疗保障制度建设进程,落实生育保险和职工基本医疗保险合并实施政策,实现参保同步、基金运行、保费征缴、监督管理和经办服务五个方面的一体化发展,最终推动我国的社会保障制度建设。虽然泰州市对两险合并实施政策目标的描述与国家的不尽相同,部分描述较为简化,而且泰州市作为地方代表在有关政策目标的表述适宜性方面有待斟酌,但是综合来看,"提升管理综合效能""强化基金共济能力"是二者的共性所在。

表5-2 泰州市两险合并实施政策目的汇总

城市	两险合并实施目的
泰州市	通过1年时间试点两项保险合并实施,进一步加大生育保险的扩面力度,实现应保尽保。总结评估试点经验,为国家探索适应我国经济发展水平、优化保险管理资源、促进两项保险合并实施的制度体系和运行机制提供参考。

2. 泰州市两险合并实施政策措施具有自身特色

本研究发现,各试点城市发布的两险合并实施政策文件在数量上存在一定的差异性,其中,邯郸市的发文数量最高,共7部;郑州市、岳阳市、内江市的发文数量较低,各1部;泰州市的政策文件共4部,详见表5-1、表5-4。虽然本研究设计仅纳入政府官方网站公开的政策文件,可能存在部分试点城市两险合并实施政策文件缺失现象,但这一数据也从一定程度上反映出各试点城市在制定两险合并实施政策措施的力度和侧重点上存在一定差距,泰州市的两险合并实施政策发展处于中上游水平。

此外,从两险合并具体政策措施来看,泰州市两险合并实施的政策措施分布较为零散,在符合国家政策总体要求的同时也具有自身的区域适应性和特征,具有一定的侧重点(详见表5-3)。根据国家两险合并实施提出的5个主目标和13个子目标要求,泰州市的相关执行性文件与国家政策要求的实施目标具有一致性,说明泰州市的政策安排严格按照国家相关指令要求制定,试点方案对于国家总体方案设计具有重要借鉴意义。

表5-3 泰州市两险合并实施执行性文件目标汇总

目标		泰州市
完善基金管理	完善费率调整机制	✓
	规范生育津贴支付政策	✓
	提高基金使用效率	✓
建立健全组织机构	成立两项保险合并实施试点工作领导机构	✓
	统筹组织试点工作	✓
周密制定试点方案	明确工作推进的时间表、路线图	✓
	试点地区所在省份要加强对试点城市的指导	✓

（续表）

目标		泰州市
加强政策宣传，营造良好社会氛围	做好政策宣传、舆论引导	√
	利用各种新闻媒体大力宣传两项保险合并实施的重要意义	√
加强总结评估	开展摸底调查，采集基线数据	√
	适时开展自我评估	√
	试点进展情况向部际工作小组办公室汇报	√

从两险合并实施政策目标对应的政策措施角度进行分析，还可以看出，泰州市已制定的执行性文件的政策目标也较为零散。可见，泰州市针对两险合并实施各项政策目标发布的政策文件执行性并不高。

3. 各地区的两险合并实施政策措施各有侧重

泰州市作为 12 个试点城市之一，发布的试点工作政策文件在与国家试点相关政策文件具有一致性和贯通性的同时，也与其他试点城市具有一定的差异性，具体体现在政策文件数量、政策目的和政策措施等方面（详见表 5-4、表 5-5、表 5-6），各个试点城市的试点方案政策文件具有自身的适应性。

表 5-4　除泰州市外 11 个试点城市两险合并实施相关文件数量汇总

城市	试点城市一级政策文件数	试点城市二级政策文件数	试点城市三级政策文件数	文件总数
邯郸市	1	4	2	7
晋中市	1	2	1	4
沈阳市	1	1	1	3
合肥市	2	0	2	4
威海市	1	0	1	2
郑州市	1	0	0	1
岳阳市	1	0	0	1
珠海市	1	1	0	2
内江市	1	0	0	1
昆明市	1	1	0	2
重庆市	1	0	1	2
总计	12	9	8	29

表 5-5　除泰州市外 11 个试点城市两险合并实施政策目的汇总

城市	两险合并实施目的
邯郸市	合并实施生育保险和职工医疗保险,有效整合基金和管理资源,强化基金共济能力,提升管理服务效能,保障参保人员待遇。为国家探索适应我国经济发展水平、优化保险管理资源、促进两项保险合并实施的制度体系和运行机制提供经验。
晋中市	遵循"保留生育保险险种、保障生育保险待遇、统一两险经办管理、切实降低运行成本"的总体原则,通过整合两项保险基金及管理资源,达到强化基金共济能力、提升管理综合效能、降低运行成本的目标。
沈阳市	落实"四统一、一不变",即统一参保登记、统一基金征缴和管理、统一医疗服务管理、统一经办和信息服务、职工生育期间的生育保险待遇不变。通过试点探索适应我市经济发展水平、促进两项保险合并实施的制度体系和运行机制。
合肥市	在试点期限内,逐步实现"四统一、一不变",即统一参保登记、统一基金征缴和管理、统一医疗服务管理、统一经办和信息服务、职工生育期间的生育保险待遇不变。
威海市	探索在保留两项保险各自制度功能、保障参保职工待遇的前提下,通过政策衔接、资源整合,建立两项保险一体化管理的制度体系和运行机制,为全国两项保险合并实施积累经验。
郑州市	按照国家人社部"四统一、一不变",即统一参保登记、统一基金征缴和管理、统一医疗服务管理、统一经办和信息服务、职工生育期间的生育保险待遇不变的要求,探索适应我市经济发展水平、优化保险管理资源、促进两项保险合并实施的制度体系和运行机制。
岳阳市	通过试点探索适应我市经济发展水平、优化保险管理资源、促进建立两项保险合并实施的制度体系和运行机制,进一步完善社会保障体系,更好地保障参保人员待遇,提升社会保险综合效能。
珠海市	生育保险和基本医疗保险合并实施,遵循"保留险种、保障待遇、统一管理、降低成本"的总体思路,通过整合两项保险基金及管理资源,强化基金共济能力,提升管理综合效能,降低管理运行成本。
内江市	在试点期限内,逐步实现"四统一、一不变",确保合并后职工生育期间的生育保险待遇不降低。
昆明市	自 2017 年 7 月 1 日起,昆明市城镇职工基本医疗保险和生育保险合并实施,由医疗保险经办机构统一经办管理。参加昆明市城镇职工基本医疗保险的在职职工同步参加生育保险。旨在维护女职工合法权益,整合经办管理资源,强化基金共济能力,提高社会保障水平。
重庆市	生育保险基金并入职工基本医疗保险基金,按照"市级统筹、分级管理,总额预算、缺口分担、目标考核、确保支付"的原则,优化保险管理资源,强化基金共济能力,提升管理综合效能,降低管理运行成本,建立适应我市经济发展水平的两项保险合并实施制度体系和运行机制,为国家全面推广两项保险合并实施工作提供经验。

表 5－6　除泰州市外 11 个试点城市两险合并实施执行性文件汇总

城市	完善基金管理			建立健全组织机构		周密制定试点方案		加强政策宣传，营造良好社会氛围		加强总结评估		
	完善费率调整机制	规范生育津贴支付政策	提高基金使用效率	成立两项保险合并实施试点工作领导机构	统筹组织试点工作	明确工作推进的时间表、路线图	试点地区所在省份要加强对试点城市的指导	做好政策宣传、舆论引导	利用各种新闻媒体大力宣传两项保险合并实施的重要意义	开展摸底调查，采集基线数据	适时开展自我评估	试点进展情况向部际工作小组办公室汇报
邯郸市	✓	✓	✓	✓	✓	✓	✓	✓	✓	✓	✓	✓
晋中市	✓	✓	✓	✓	✓	✓	✓	✓	✓	✓	✓	✓
沈阳市	✓	✓	✓	✓	✓	✓	✓	✓	✓	✓	✓	✓
合肥市	✓	✓	✓	✓	✓	✓	✓	✓	✓	✓	✓	✓
威海市	✓	✓	✓	✓	✓	✓	✓	✓	✓	✓	✓	✓
郑州市	✓	✓	✓	✓	✓	✓	✓	✓	✓	✓	✓	✓
岳阳市	✓	✓	✓	✓	✓	✓	✓	✓	✓	✓	✓	✓
珠海市	✓	✓	✓	✓	✓	✓	✓	✓	✓	✓	✓	✓
内江市	✓	✓	✓	✓	✓	✓	✓	✓	✓	✓	✓	✓
昆明市	✓	✓	✓	✓	✓	✓	✓	✓	✓	✓	✓	✓
重庆市	✓	✓	✓	✓	✓	✓	✓	✓	✓	✓	✓	✓

　　就已颁布的地区政策文件汇总形成的政策目标而言，各地关于两险合并实施试点目的、目标的执行和落实方式也存在一定差异性，泰州市的执行细则和相关政策要求具有自身特点。综上所述，试点城市基于国家相关政策的目的、目标分别明确了各自两险合并实施政策的目的、目标，且为此制定了相应的政策措施。但是，由于各地条件不同，政策措施的内容设置和落实也各有侧重。

第二节　泰州市两险合并实施的主要做法及特色

一、泰州市两险合并实施的主要做法

　　泰州市在接受两险合并实施试点工作任务后，设定"早规划、早安排、早启动、思路创新、科学设置、精心组织"的工作总体要求，以确保两险合并实施试点工作顺利进行。泰州市在两险合并实施试点工作开展前期，对全市

范围内两项保险的参保登记、基金收支结余等情况进行摸底调查,协调和解决试点工作开始前存在的问题。2017 年 6 月 1 日,泰州市出台了《市政府关于印发泰州市生育保险和职工基本医疗保险合并实施试点方案的通知》(泰政发〔2017〕94 号),该方案遵循"保留险种、保障待遇、统一管理、降低成本"的总体思路,按照"四统一、一不变"的要求,规定自 2017 年 7 月 1 日起在全市范围内开展两险合并实施试点。2017 年 6 月 9 日,泰州市人力资源和社会保障局、财政局、卫生和计划生育委员会联合下发《关于明确生育保险和职工基本医疗保险合并实施试点工作有关问题的通知》(泰人社发〔2017〕219 号),进一步明确了两险合并实施范围、缴费基数和比例、基金管理、生育保险待遇、经办管理等方面的问题,具体做法如下:

(一)统一参保登记

泰州市社会保险基金征缴中心统一受理参保单位各项社会保险参保登记和变更,参保单位只需提供一套单位登记证、税务证和银行开户许可证便可实现参保单位各项社会保险的开户登记及变更;参保单位仅需凭开户登记的相关手续,与银行和地税统一签订三方协议,实现社会保险费统一征缴;参保单位增减参保人员时,提交《参保单位社会保险人员增(减)明细表》,即可实现参保人员各项社会保险的参保状态及缴费基数等信息的变更。

(二)统一基金征缴和管理

泰州市两险合并实施试点后,社会保险基金征缴中心对当月参保人员的参保信息进行核定,统一向地税申报,由地税对所有参保单位的各项社会保险实施统一征缴,确保社会保险缴费正常单位的参保人员享受各项社保待遇。同时,新申请职工基本医疗保险的单位缴费费率设定为原两项保险的费率之和,职工个人缴纳 2% 不变,灵活就业人员仍按照原职工基本医疗保险费率缴费。其中,单位的缴费比例主要分为两种情况:一种是海陵区、高港区、高新区和姜堰区等区的单位,按 9.5%(原职工基本医疗保险的 9% 与原生育保险的 0.5% 之和)的缴费比例缴费;另一种是靖江市、兴化市、泰兴市等区的单位,按 8.5%(原职工基本医疗保险的 8% 与原生育保险的 0.5% 之和)的缴费比例缴费。在缴费基数方面,泰州市人社局每年公布医疗保险月缴费工资基数上下限标准,职工工资收入低于下限标准的以此标准作为缴费基数;高于下限标准的以实际工资总额作为缴费基数,最高不得高于上限标准。试点期间,将两项保险基金并入专户管理,原生育保险基金累计结余及赤字均不带入新的职工基本医疗保险中。

(三)统一医疗服务管理

在两险合并实施试点前,泰州市医保经办机构与定点医疗机构和定点生育机构分开签订服务和管理协议。两险合并实施试点后统一两项保险的定点医疗服务机构，签订一份医疗服务协议，共同管理，扩大定点生育机构的范围。同时，经办机构与定点医疗机构统一签订服务协议，明确职工基本医疗保险和生育保险的相关规定，包括统一就诊管理、稽核管理、费用给付方式和流程、定点机构的资格认证等，规范诊疗项目和药品目录、自付比例等相关指标。

（四）统一经办和信息服务

泰州市两险合并实施试点后，一方面，实行医疗、工伤、生育保险"一窗式"服务模式，参保人员只需要提供相应的医疗费用资料和社会保障卡，经受理审核后即可离开，7个工作日内会将医疗费用待遇直接转入参保人员指定的银行账户；另一方面，生育保险参保人员和灵活就业人员均可在院端实行生育备案登记，可在医院享受生育医疗费用直接结算。参保人员生育医疗费用和疾病医疗费用都在院端统一结算，生成统一的结算单，院端代垫的医疗费用将统一于医保中心结算，由医保中心审核并上报财政。

（五）保证生育待遇水平不降低

泰州市两险合并实施试点期间，生育待遇标准、生育津贴和一次性营养补助计发标准按原规定执行，即生育保险待遇发放标准按照《关于印发泰州市区生育保险医疗费用结算管理办法的通知》（泰人社发〔2014〕350号）和《关于明确新生儿医疗保障待遇和灵活就业、退休、失业人员生育保障待遇的通知》（泰人社发〔2014〕356号）的规定执行；生育津贴和一次性营养补助计发标准按照《江苏省职工生育保险规定》（江苏省人民政府令第94号）、《江苏省人口与计划生育条例》（2016修订本）文件执行。

二、泰州市两险合并实施的主要特色

（一）创新经办服务方式

泰州市在两险合并实施试点期间创新经办服务方式。试点工作启动后，配套升级"金保工程"核心系统，开通生育医疗费用实时结算和生育津贴网上申报渠道，积极推进"互联网＋医保"与试点工作的融合，主要做法体现在四方面。一是利用手机App、微信公众号等新媒体平台加强两险合并实施试点政策的宣传，增强群众认知程度和参保意识，营造良好社会氛围；逐步拓展手机App、微信公众号、网上办事大厅网站等功能的应用范围，大幅减少参保人员办事程序和等待时间。二是在全市的市、县、乡、村（社区）四级平台部署了2 060台自助服务一体机，实现参保人员"不见面"即可查询或办理业务。三是参保单位和个人可通过手机 App、微信公众号、门户网站等平台，随时查询缴费信息、医疗生育待遇、个人账户信息，足不出户办理异地就医备案、生育津贴网上申报等多项业务。四是实现医疗生育保险各项业务全面实时结算，减少前台业务工作量。试点以来，全市通过新媒体进行查询的人数达 6 869 人，办理异地生育备案人数为 1 845 人，通过网上申报发放生育津贴 3 000 多万元。2018 年与"支付宝"合作开通灵活就业人员手机缴纳保费业务，参保人仅需 3 分钟便可完成缴费，开通后仅 1 周缴费人数超过 2 000 人。

（二）医疗服务智能监控延伸至生育保险

泰州市启动两险合并实施试点后，将医疗服务智能监控建设成果向生育保险延伸，通过构建立体防控体系，搭建预警干预平台，完善监控规则，对医疗保险和生育保险实施同步监控，及时发现跨险种的隐蔽性违规问题，去除可能导致生育医疗费用不合理增长的因素。主要做法体现在以下三方面：一是构建"医疗＋生育"服务监控立体防控体系，泰州市积极发挥本系统对两险合并实施试点后所形成的新的职工基本医疗保险基金监督管理的主导作用，构建立体式防控体系；二是搭建事前、事中和事后的"医疗＋生育"诊疗数据预警干预平台，将定点医院预警数据交换平台建设与监控平台建设同级部署，充分发挥定点医疗机构对医疗服务行为管理的主体责任；三是树立智能监控指导实地稽核理念，利用"医疗＋生育"服务监控系统筛查出疑点问题，通过实地稽核的结果来验证监控系统规则和阈值的合理性。启动试点以来，全市通过医疗服务监控筛选出疑似违规数据 147 条，经过调查核实，确认违规数据 125 条，涉及违规医疗机构 5 家，按协议处理处罚共计 20 万元。

（三）扩大个人账户使用范围

泰州市两险合并实施试点期间，突出惠民导向，围绕参保人员待遇不降低这个核心问题，对生育保险待遇享受政策进行了优化。在保留全部原有惠民政策的基础上，在结算生育医疗费用时，允许参保人员可用个人账户支付生育医疗费用个人负担部分，从而扩大个人账户使用范围，在一定程度上更好地保障了女职工的待遇，降低女职工生育时的个人负担；同时，合理设置生育待遇的等待期，职工生育医疗费用待遇在缴费到账后即可享受，参保职工缴费如未满 10 个月，待其缴满 10 个月后可享受生育津贴待遇。

（四）保持政策的延续性

泰州市启动两险合并实施试点后，为确保试点工作顺利推进和参保人员生育保险待遇不降低,对特殊情况特殊对待,以规避因政策的改变使特殊群体在权利和义务上可能产生矛盾的风险。如参保人员到达退休年龄办理退休手续时,因医保缴费年限不足需一次性补足医疗保险规定年限的医疗费用的,按原口径办理;破产改制企业中托管人员原来未缴纳生育保险的,在两险合并实施试点后仍然按原办法执行。同时规定,生育医疗费用不参与医疗统筹费用的起付线、封顶线、大病保险、大病救助费用累计。

(五)制定科学的评估模式

泰州市启动两险合并实施试点后,与江苏大学合作成立两险合并实施课题研究小组,对试点工作进行运行分析和动态评估,充分发挥研究成果对试点工作的指导作用,扩大试点评估效应。从政策研究者、制定者、执行者、参保人员等多视角出发,设计了科学系统的评估方案,并建立基金可持续发展模型。在已有的对各类医疗保险统筹基金运行相关预测研究及生育政策调整的基础上,引入相关参数,构建精算模型,预测未来 15 年泰州市两项保险基金的运行状况。利用相关理论建立模型,结合泰州市保障水平和实际情况,对建立动态化费率调整机制、进一步提升经办效能等提供了可靠的数据支撑和决策参考。

试点 1 年来,两险合并实施取得明显成效。参加生育保险的单位有3.2 万家,同比增长 29.4%,参保人数为 65.5 万人,同比增长超过 10%;参保登记、经办服务、监督管理的统一,减少了群众办事程序,提高了经办服务的效能;两项保险基金池的打通,扩大了基金总量,原生育保险基金的风险得到释放,有力维护了两项保险制度的可持续发展;泰州市与高校合作开展试点评估的模式得到人社部、省厅领导的肯定,称赞泰州市模式优、效果好,值得其他试点城市借鉴和学习。

第三节　泰州市两险合并实施的主要成效

两险合并涉及生育保险与职工基本医疗保险两项险种,在进行两险合并实施效果评价时,要兼顾两项险种的特点,不能将效果评价的重点仅放在生育保险上,更应从全局性的角度考量两险合并后的职工基本医疗保险的运行情况,评估其是否做到真正意义上的"四统一、一不变"。

通过对《国务院办公厅关于印发生育保险和职工基本医疗保险合并实施试点方案的通知》的详细解读,本研究认为对于两险合并实施效果评价的重点体现在合并后生育保险保障范围是否扩大、基金的运行状况是否良好、经办管理效率是否提升和参保人待遇水平是否降低四个方面。同时,两险合并所涉及的相关人群和机构(包括参保人、参保单位、医疗机构和保险经办机构等)对该项政策的认知度、满意度和支持度也在一定程度上体现了政策实施的效果。因此,本研究将从保障范围、基金运行、管理效能、待遇水平四个方面对泰州市两险合并实施试点所取得的成效进行描述。

一、参保单位和人员均有一定增加

泰州市于两险合并实施试点前就已基本实现养老、失业、医疗、工伤和生育五项社会保险的统一征缴工作,泰州市的职工基本医疗保险与生育保险的参保单位数量逐年增加,但也存在部分单位为降低成本未替职工缴纳生育保险的情况,导致职工基本医疗保险的参保单位数总体上大于生育保险的参保单位数,职工基本医疗保险的参加人数也多于生育保险的参保人数。泰州市在两险合并实施试点期间进一步完善"五险"统一征缴工作,参保单位和参保人的数量均有不同程度的增加,具体如表5-7所示。

两险合并实施试点工作启动后,截至2018年底,参加生育保险的单位有35 528家,同比增长24.54%,间隔增长率(即2018年较2016年的增长率)为69.00%。随着参保单位数量的增加,生育保险的人数也随之增加,2016年底,生育保险参保591 886人,2017年底参保607 568人,同比增长2.65%;2018年底,参保659 466人,同比增长8.54%,间隔增长率为11.42%。

表5-7 泰州市2013—2018年两险参保情况

| 年份 | 参保单位 | | | | 参保人数 | | | |
| | 职工基本医疗保险 | | 生育保险 | | 职工基本医疗保险 | | 生育保险 | |
	数量/家	增长率/%	数量/家	增长率/%	人数/人	增长率/%	人数/人	增长率/%
2013	21 940	—	17 590	—	1 095 887	—	558 117	—
2014	22 732	3.61	18 603	5.76	1 127 697	2.90	584 506	4.73
2015	23 783	4.62	19 760	6.22	1 176 655	4.34	587 896	0.58
2016	30 550	28.45	21 022	6.39	1 216 836	3.41	591 886	0.68
2017	31 696	3.75	28 526	35.70	1 268 879	4.28	607 568	2.65
2018	35 528	12.09	35 528	24.54	1 390 128	9.56	659 466	8.54

注:职工基本医疗保险的参保人数是由在职职工、退休职工和灵活就业人员三部分构成,截至2018年底,参加职工基本医疗保险的共有1 390 128人,其中在职职工1 005 112人,退休职工385 016人。

二、基金运行整体平稳

从 2015 年起,泰州市生育保险基金当期结余出现赤字并在以后的几年赤字状况逐步加剧,2017 年 6 月底,当期基金结余赤字 5 776 万元(详见表 5-8)。两险合并实施试点以来,生育保险基金赤字状况得以缓解,且职工基本医疗保险的统筹基金累计结余备付能力未出现明显下降。表 5-8 数据显示,2017 年 6 月底,职工基本医疗保险的累计结余备付月数,即备付能力为 28.76 个月,而从两险合并实施试点开始至 2018 年底,新的职工基本医疗保险统筹基金累计结余的备付能力为 27.53 个月,相较于 2017 年 6 月底下降了 4.28%。

表 5-8　泰州市两险合并实施试点前后统筹基金收支情况

险种	项目	2013 年	2014 年	2015 年	2016 年	2017 年 1—6 月	2017 年 7—12 月	2017 年	2018 年
职工基本医疗保险	当期统筹基金收入/万元	217 449	222 608	251 511	284 260	120 039	19 735	317 174*	392 186
	当期统筹基金支出/万元	144 154	161 560	181 044	208 317	106 626	117 101	246 627*	291 506
	当期统筹基金结余/万元	73 295	61 048	70 468	75 943	13 414	—	70 547*	100 680
	统筹基金累计结余/万元	290 618	351 666	422 134	497 711	511 124	—	568 258*	668 939
	备付能力/月	24.19	26.12	27.98	28.67	28.76	—	27.65*	27.53
生育保险	当期基金收入/万元	13 646	14 454	11 973	13 024	6 654	—	—	—
	当期基金支出/万元	10 578	13 836	16 185	18 278	121 430	—	22 900※	—
	当期基金结余/万元	3 067	617	−4 208	−5 254	−5 776	—	—	—
	累计基金结余/万元	34 303	34 921	30 712	25 459	19 683	—	—	—
	备付能力/月	38.91	30.29	22.77	16.71	9.50	—	—	—

注:* 是 2017 年全年统筹基金总数据,即包含职工基本医疗保险和生育保险的数据;※ 是 2017 年全年生育保险基金数据。

三、经办管理效能提升

泰州市启动两险合并实施试点后，经办管理效能提升主要体现在以下三方面：

第一，泰州市启动两险合并实施试点后，统一参保登记、申报登记，核定缴费基数和编制缴费计划，实现参保登记、人员变动、缴费基数核定以及对账和记账等工作的统一处理，将原本需要分别操作的工作合并执行，减少了经办人员的重复劳动，提高了工作效率，优化了人员管理结构。以市本级为例，泰州市原生育保险科经办人员 2 名，医疗保险科经办人员 8 名，两险合并实施试点后所组成的医疗生育科经办人员共 9 名，减少 1 名。

第二，泰州市启动两险合并实施试点后，统一两项保险的医疗服务机构，签订医疗服务协议，共同管理，扩大了定点生育机构的范围。如表 5－9 所示，定点生育机构由两险合并实施试点前的 15 家增至 747 家。虽然部分定点医疗机构暂不具备生育或产前检查等业务能力，但这在一定程度上使参保人有了更多的选择，定点医疗机构也有了拓宽业务的新方向。

表 5－9　泰州市 2013—2018 年定点机构数量情况

机构	两险合并实施试点后	两险合并实施试点前				
		2017 年	2016 年	2015 年	2014 年	2013 年
定点医疗机构/家	747※	422*	390	330	317	323
定点生育机构/家	747※	15*	14	14	14	14

注：※是 2018 年 12 月 31 日的节点数据；＊是 2017 年 6 月 30 日的节点数据。

第三，截至目前，泰州市所建设的"医疗＋生育"监控平台，以及所搭建的事中诊疗数据预警干预平台已将经过系统认证的全市 3 258 名处方医师的医疗服务信息纳入监控范围，并作为重点监控内容，通过对当日上传的诊疗数据进行规则分析，将事后跟踪发展为事中干预，实现了对医保责任医师及其诊疗数据的预警干预，严格制约了医保责任医师大处方、滥检查和过量用药等违规行为。

四、生育待遇水平总体保持不变

泰州市两险合并实施试点期间生育待遇标准、生育津贴和一次性营养补助计发标准保持不变，按照泰州市生育保险的政策规定，可以将支出类别分为生育医疗费用补偿(指有分娩行为的生育,下同)、计划生育医疗费用补偿(指流引产、放置或取出宫内节育器和经宫腔镜取环术等,下同)、生育津贴、计划生育津贴和一次性营养补助。通过相关数据计算得出 2016 年、2017 年 1—6 月、2017 年 7—12 月和 2018 年生育待遇享受情况,如表 5 - 10 所示。

表 5 - 10　泰州市两险合并实施试点前后生育待遇享受情况　　单位:万元

待遇支出	人均水平	试点前		试点后	
		2016 年	2017 年 1—6 月	2017 年 7—12 月	2018 年
费用补偿	人均生育医疗费用补偿	0.51	0.52	0.45	0.54
	人均计划生育医疗费用补偿	0.09	0.12	0.13	0.11
津贴支付	人均生育津贴	1.19	1.38	1.39	1.58
	人均计划生育津贴	0.10	0.10	0.10	0.12

注:由于一次性营养补助发放给生育或者妊娠满 7 个月以上引产的女职工,男职工配偶不享受生育一次性营养补助,且数据有限,本表中未列出一次性营养补助的相关内容。

两险合并实施后人均生育医疗费用补偿和人均生育津贴略有提高,人均计划生育医疗费用补偿也略有提高,人均计划生育津贴未发生明显变化。各用人单位的职工休假天数和津贴计发基数存在差异,导致津贴短期的支付存在浮动。

第四节　全面推广两险合并实施时需要考虑的问题

要想两险合并实施后的新职工医疗保险能够可持续发展,不仅要考虑基金的可持续运行问题,还要考虑生育保险政策的内部衔接和与其他相关政策的衔接问题,以及制度公平性、生育医疗费用支付方式、企业和个人缴费责任分担机制、缴费基数和缴费上下限优化、男性产假和生育津贴政策问题。

一、生育保险政策内部的衔接

很多地方的生育保险规定,参保职工的未就业配偶可以享受生育医疗费用报销。两险合并实施后如果可以继续享受,参保职工的未就业配偶很可能选择不参加城乡居民医疗保险。城乡居民医疗保险目前已经实现了对分娩医疗费用进行报销,但是其报销比例远低于职工医疗保险。如果参保职工的未就业配偶无法享受职工医疗保险待遇,男性参保职工势必对制度存在的合法性产生怀疑。因此,必须对此问题进行系统性的考虑。根据国外的经验,解决的办法是实行以家庭为单位参保,即家庭中只要有人参加职工医疗保险,其未就业的家属都可以连带参保,这样就自然而然地解决了这个问题。

二、生育保险政策与其他相关政策的衔接

两险合并实施的一个重要原因,就是生育保险和职工基本医疗保险在生育相关的医疗费用报销上存在大量的交叉重叠,在实践中很难做出分割,两险合并可以解决二者的政策衔接问题。但是,两险合并后仍要考虑与基本公共卫生服务项目、重大公共卫生服务项目中的妇幼保健相关政策的衔接,甚至还会涉及与医疗救助制度和商业健康保险制度之间的衔接问题,这都需要进一步地加以考虑。

三、制度公平性

两险合并实施后,参保职工分娩可以享受生育津贴,但是生病住院却并不发放疾病津贴。在职工基本医疗保险与生育保险两项制度并立时,不会造成参保职工的不满,两险合并实施后,这个问题可能就会立即凸显出来。根据国外的经验,大多数国家都会提供疾病津贴(对因病不能工作而造成的收入损失进行补偿)、生育津贴和医疗费用报销三种待遇。中国建立社会医疗保险制度前,劳保医疗和公费医疗也是实行这一制度体系。但是,当前甚至未来一段时间内实行疾病津贴的筹资压力可能较大。因此,这一问题短期内可能无解,只能从社会舆论上加以引导。

四、生育相关医疗费用的支付方式

2018 年 3 月,三部委发布的《关于做好当前生育保险工作的意见》要求,将生育医疗费用纳入医保支付方式改革范围,实行住院分娩医疗费用按病种、产前检查按人头付费。许多研究显示,由于产前检查负担较重,许多孕产妇减少了必要的产检,而产检对于降低新生儿畸形率、孕产妇和新生儿死亡率及分娩相关医疗费用意义重大。因此,必须鼓励医疗服务机构多提供产检服务。这就要求对产检采用按服务项目付费而非按人头付费的方式,按人头付费往往会导致服务供给不足。当然,未来甚至可以考虑实行按绩效付费。

五、企业和个人缴费责任分担机制

为了确保两险合并实施的顺利推行,试点遵循个人不缴费、待遇不降低的原则。众所周知,在中国社会保险缴费责任分担机制中,企业负担过重而个人负担过轻。1994年出台的《企业职工生育保险试行办法》提出,职工个人不缴纳生育保险费。当时正处于从个人完全不用缴费的劳动保险向社会保险过渡的阶段,且职工个人收入水平较低。因此,虽然当时的养老保险和医疗保险均采取了个人逐步提高缴费率的方式,但是最终个人缴费率远低于企业缴费率。然而,在如今降低企业负担的宏观愿景下,未来应该考虑在企业和职工之间合理分摊缴费责任。

六、缴费基数和缴费上下限优化

要想提高两险合并实施后的基金长期可持续性,除了动态调整缴费率,还要注意缴费基数问题。随着未来由税务部门征收保费,这一问题可以得到解决。但是,缴费上下限的问题到目前为止还未受到足够的重视。中国职工社会保险设置了社会平均工资的300%和60%的缴费上下限。事实上,未来完全可以提高缴费工资的上限。这样既增加了基金收入,也调节了收入再分配,利于促进社会公平。此外,医疗保险个人账户占用了大量资金,未来也应加以改革。

七、男性产假和生育津贴政策

很多人讨论到了两险合并实施后如何通过保留生育保险险种来进一步维护女性职工权益的问题,就此而言,可以学习国外的做法,实施男性产假和生育津贴政策。只有男性享受和女性相差不大的生育保障待遇,使录用男性和录用女性的成本是一样的,企业才可能不去歧视女性。

第五节　两险合并实施中可能存在的风险

一方面,两险合并实施政策使得生育保险覆盖面扩大,基金共济能力增强,监管水平提高,经办服务水平提升,待遇享受更加便利,达到了预期目标,适于全国推开;另一方面,由于两险合并实施试点时间较短,一些潜在风险尚未完全暴露出来。因此,有必要对可能存在的风险进行分析,为进一步优化制度设计提供前瞻性的思考与借鉴。

一、小微企业参保引致的风险

两险合并实施促进了小微企业参保。以试点城市泰州市为例,两险合并实施后,泰州市生育保险参保人数增加了 6.3%,参保单位数增加了 35.7%。两险合并前,很多小微企业为了降低企业成本只替员工缴纳职工基本医疗保险,而不缴纳生育保险;两险合并后,生育保险作为职工基本医疗保险的附加险而强制缴纳,因此,两险合并后参保单位增量中大多数为小微企业。小微企业参保自然会带来覆盖面扩大和保费增加,但是也会导致基金支出增加,二者影响的大小取决于小微企业职工的年龄结构及其生育意愿。如果小微企业职工以育龄女性为主,吸纳小微企业参保很可能使得基金支出大于保费收入,因此会增加基金风险。但是,目前还缺乏这方面的数据,无法判断吸纳小微企业参保对基金收支会产生多大的影响。

除了可能存在的基金风险,更关键的是,新参保的小微企业由于需缴纳生育保险费而提升了其经营成本。众所周知,小微企业本身的生存能力较差,但是却吸纳了大量就业。在当前经济形势和就业形势下,两险合并实施对小微企业成本影响有多大,对其吸纳就业的能力影响有多大,都必须慎重研究。如果影响较大,必须考虑应对措施。比如,对小微企业参保在费率上或财政上进行倾斜或扶持,以保证小微企业正常运转。

二、灵活就业人员引致的风险

在我国,参加职工医疗保险的除了在职职工和退休职工,还存在一部分灵活就业人员。我国各地灵活就业人员通常既可以参加职工基本医疗保险,也可以参加城乡居民医疗保险。那么,灵活就业人员参加合并实施后的职工基本医疗保险是否可以免交生育保险保费?或者是否因增缴生育保险而加重其经济负担?更关键的是,预期将要生育的灵活就业人员在权衡利弊后,很可能选择加入职工基本医疗保险以享受生育保险待遇,一旦享受完毕即退出职工基本医疗保险而加入城乡居民医疗保险。这部分人群可能有多少?这将会对两险合并实施后的基金支出产生多大影响?这些问题目前还难以确定。

三、生育保障待遇水平提升引致的风险

目前,很多统筹地区的职工医疗保险、生育保险的三个目录是相同的,但是二者的待遇水平并不相同。各地生育保险一般对产前检查进行定额报销(一般只有三五百元),对住院分娩进行单病种定额或限额报销。总体上

看,生育保险对产检和分娩医疗费用的实际报销比例要远远低于职工医疗保险对门诊大病、门诊慢病和因病住院的实际报销比例。当前在 12 个城市的两险合并实施试点强调的是政策不变、待遇不变。但是,随着两险合并实施的推广,为了保障医疗保险政策范围内报销比例不下降,生育相关医疗费用报销比例必然会提升到与生病报销比例相同的水平上,这自然会大大增加生育相关的基金支出。而且,我们基本上可以判断,为了鼓励生育,未来我国生育保障待遇一定会高于疾病保障待遇,这又会进一步增加基金支出。进一步地,如果未来彻底放开生育政策,又会给基金支出带来多大的压力呢?

上述这些问题都可能会增加两险合并实施后的基金风险。需要指出的是,虽然 2016 年生育保险基金占职工基本医疗保险基金总支出(含个人账户)的比重只有 6.4％,但是占职工基本医疗保险社会统筹基金支出的比重却接近 10％。因此,两险合并实施对职工基本医疗保险社会统筹基金支出可能带来的风险不可小觑。

第六章 两险合并实施效果的跟踪评价研究

本章将基于前述的两险合并理论、实施现状和效果评价,通过构建专门的效果评价指标体系对两险合并实施的长期效果进行跟踪评价。具体来说,本章将在前述关于两险合并实施目标分析的基础上,首先明确指标体系设计的思路和原则,搭建两险合并实施评价指标体系框架,然后采用专家咨询法确定各项指标权重,建立两险合并实施效果评价指标体系,并选取试点城市进行实证分析,结合两险合并实施现状进行效果分析。

第一节 评价指标体系构建的主旨和基本原则

一、指标体系构建的主旨

两险合并实施涉及两类险种,在进行两险合并实施效果评价时,要兼顾彼此特点,评价重点不能有所偏颇,应当以更加广阔的视野和全局性的角度来评价两险合并实施后职工基本医疗保险的运行情况,以及是否真正意义上实现了"四统一、一不变"。通过对《国务院办公厅关于印发生育保险和职工基本医疗保险合并实施试点方案的通知》的详细解读,本研究认为,两险合并实施效果评价应以合并后生育保险保障范围扩大与否、基金的运行状况良好与否、经办管理效率提升与否和参保人待遇水平降低与否为重点。同时,两险合并实施所涉及的包括参保人、参保单位、医疗机构和保险经办机构等在内的相关主体对政策的认知度、满意度和支持度,在一定程度上也能够体现出实施效果。

本研究通过查阅以往学者对两险在参保范围、基金运行和经办管理等方面的既有评价成果和经验,结合两险合并实施后的职工基本医疗保险所兼顾的保障功能和特点,尝试初步搭建以公平、效率、质量和可持续性为框架的指标体系来探究两险合并实施所取得的成效。

二、指标体系构建的基本原则

结合以往学者研究经验，立足于两险合并实施政策的总体思路和内容，本研究认为，全局性、客观性、可操作性、动态性、公平性、效率性以及可持续性应当成为本指标体系设计的几项基本原则。

（一）全局性原则

生育保险与职工基本医疗保险涉及面广，进行评价时不能只注重某方面，而忽略其他方面所发挥的作用。由于两险合并实施是一个复杂的社会系统工程，因此，评价应树立全局观点，把反映各个子系统工作全貌的数量、质量、条件、效益的指标全列出来，运用综合评价方法，找出代表性和规律性的指标，以揭示两险合并实施进程的全貌。

（二）客观性原则

两险合并实施工作是一个实践性很强的工作，指标体系应能反映两险合并实施后运行的真实情况。因此，为保证评价指标体系的客观性，需要建立和不断完善两险合并实施后的管理信息系统，以提供客观、真实的信息。

（三）可操作性原则

评价指标和标准是评价工作的依据，因此应从实际工作中建立指标体系，尽量使用现有报表，使评价易于操作。同时，指标应以定量指标为主，使用大量定性指标易导致评价结果受主观意愿的影响过大，应尽量避免。

（四）动态性原则

两险合并实施后的缴费人数、基金收入和支出等均呈动态变化，并且两险合并实施也可能因受到其他社会政策、基金运行和管理等各种因素的影响而发生变动。因此，对两险合并实施的评价应该是动态的，评价指标应根据动态变化做适当合理的调整。

（五）公平性原则

互助共济、风险共担是社会保险的基本原理，参保人在经历生育行为或遭遇疾病时都有同等的就医机会，应得到规定的经济补偿，满足其实际需要。公平涉及筹资、分配和使用三个层面，因此在对两险合并实施进行跟踪评估时，需要包含反映公平性的指标。

（六）效率性原则

相较于人们的健康和医疗费用需求，我国的卫生资源和医疗保险基金是有限的，应提高医疗保险资源的利用效率，最大程度地满足人们的健康需求。两险合并实施的效率可以体现在两险合并实施后医疗资源的分配效率、医疗保险基金的利用效率以及医疗保险经办机构的管理效率等方面。

（七）可持续性原则

两险合并实施政策的主要目标是在部分地区进行试点,探索出能够适应我国经济发展水平、优化保险管理资源、完善两项保险合并实施的制度体系和运行机制。因此,两险合并实施政策在试点城市的可持续性将决定着该政策在全国范围内的实施。

三、评价指标体系基本框架

两险合并实施后的职工基本医疗保险兼具原职工基本医疗保险的功能、特点和原生育保险所特有的社会保障功能。世界卫生组织在《2010年世界卫生报告》中提出,卫生评价框架是从质量、公平和效率的维度,对健康水平、医疗需求的反应性、资源配置的公平性、平均水平和分布状况进行测量,并将质量、公平和效率作为三大目标。王东进(2017)认为两险合并实施有利于我国社会保障制度的稳健运行和可持续发展。同时,本研究在医疗保险和公共政策相关的理论基础上,深入探讨该公共政策的运行过程以及效果形成机制,结合以往学者的经验和方法,从公平、效率、质量和可持续性四方面,结合两险合并实施政策搭建起两险合并实施效果评价指标体系框架(见图6-1)。

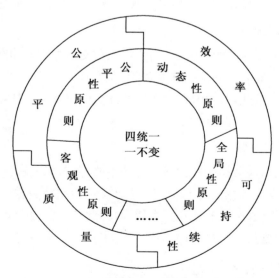

图6-1 两险合并实施效果评价指标体系框架

　　本研究在设计指标体系时,对两险合并实施后所形成的社会保险类型的功能、特点,以及历年来全国生育保险和职工基本医疗保险参保人数、覆盖人群和基金收支情况进行了综合分析,发现职工基本医疗保险的参保人群包含参加生育保险的人群,但也存在部分单位为降低企业成本而未给职工缴纳生育保险金的情况。基于此可以认为,两险合并实施后一个必然情况就是凡参加职工基本医疗保险的参保人同时会参加生育保险。

　　附加险是商业保险中的一类险种,指附加在主险合同下的附加合同,不可以单独投保,要购买附加险必须先购买主险,它的存在是以主险存在为前提的,不能脱离主险。李芳凡等(2017)指出两险合并实施不仅要进行制度层面的合一,也应遵循权利与义务对等、公平与效率兼顾、立法先行等原则,提高统筹层次。与近年来医疗、养老等事关全民基本生活的保障制度改革不同,生育保险的参保资格是由户籍、身份决定的,这也使其始终未被纳入改革扩面之中。在两险合并实施试点以及新成立的国家医疗保障局将生育保险和城镇职工基本医疗保险同时纳入其管理范围内的大背景下,生育保险未来享受人群势必将扩展至全体国民,无论户籍、身份,实现一碗水端平,这必将成为保障妇女基本生育权利和实现社会公平正义的重要举措。

　　在试点城市结束试点后,两险合并能否顺利在全国范围内全面实施是必须要考虑的问题,因此,两险合并实施效果评价必须将可持续性纳入考量范围。一方面,就两险合并实施后的职工基本医疗保险本身而言,基金的可持续性至关重要,这也是两险合并后基金共济性的体现。另一方面,从系统理论角度看,整个复合系统的协调发展应当是可持续发展的核心思想。作为子系统之一的两险合并实施后的职工基本医疗保险,应当在社会大系统中与其他子系统彼此关联,并受外部系统和条件的制约;该子系统的目标和功能应当是保障广大参保人的需求,统筹协调各方面要素及关系,实现整体效益最优,确保健康稳定可持续发展。

第二节　具体评价指标的选取

　　根据所搭建的指标体系框架,将对二级指标进行选取,这主要参考两方面的相关内容:一是基于两险合并实施试点政策的总体指导思想和试点内容;二是参考以往对各项社会保险进行评价时所考量的一般性内容,如参保情况、基金运行和管理等。同时,根据二级指标所要考量的内容设置三级指标,并在三级指标中依据两险合并实施中的特点再设置一些具体指标(详见表 6-1)。

表 6-1　两险合并实施效果评价指标体系

一级指标	二级指标	三级指标	指标说明
A1 公平	B1 参保	C1 生育保险参保人数	
		C2 职工医疗保险参保人数	
	B2 定点机构	C3 定点医疗机构覆盖率	定点医疗机构覆盖率＝定点医疗机构/医疗机构总数 * 100%(不含药店)
		C4 定点生育机构覆盖率	定点生育机构覆盖率＝定点生育机构/定点医疗机构总数 * 100%
	B3 筹资	C5 职工实际筹资负担率	职工实际筹资负担率＝职工年筹资额/(人均年收入－人均消费性支出)
		C6 医疗保险负担系数	医疗保险负担系数＝参保人员中在职人员数/参保人员中退休人员数
		C7 在职职工缴费筹资总额	
A2 效率	B4 保险基金	C8 基金使用率	基金使用率＝当期基金使用额/当期实筹基金总额
		C9 基金筹集率	基金筹集率＝当期实筹基金额/当期应筹基金额
	B5 医疗资源	C10 在一级医疗机构享受生育保险与职工医保待遇人次数比值	一级医疗机构指乡镇、社区医院等
		C11 在二级医疗机构享受生育保险与职工医保待遇人次数比值	二级医疗机构是指县市级医院
		C12 在三级医疗机构享受生育保险与职工医保待遇人次数比值	三级医疗机构是指市级以及市级以上医院
		C13 享受生育待遇中"二孩"与新生儿人数比值	
		C14 在职员工享受医疗服务人次数占享受医疗服务总人次数比例	
		C15 退休人员享受医疗服务人次数占享受医疗服务总人次数比例	

（续表）

一级指标	二级指标	三级指标	指标说明
A3 质量	B6 经办机构管理	C16 经办人员年人均承担参保人数	经办人员年人均承担参保人数＝参保人总人数/负责保险经办人员数,保险经办人员数指当期医保科室总职工人数
		C17 经办信息系统满足工作需求程度	
		C18 参保人柜面办理业务平均等待时间	
		C19 柜面办理业务量	
		C20 线上办理业务量	
		C21 管理费用支出	
		C22 保险机构经办人员积极性	
		C23 即时结算实现率	即时结算实现率＝实现即时结算医疗机构/定点医疗机构总数
	B7 参保人保障水平	C24 人均生育津贴	
		C25 生育医疗费用负担比重	生育医疗费用负担比重＝1－（当期生育医疗费用补偿总额/当期医保政策范围内医疗费用总额）
		C26 个人医疗费用负担比重	个人医疗费用负担比重＝1－（当期医疗费用补偿总额/当期医保政策范围内医疗费用总额）
	B8 保险机构服务	C27 参保单位对医保管理与服务满意度	
		C28 参保人对医保管理与服务满意度	
		C29 定点医药机构对医保管理与服务满意度	
	B9 公众认知度	C30 参保单位对两险合并实施政策了解程度	
		C31 参保人对两险合并实施政策了解程度	
		C32 灵活就业人员对两险合并实施政策了解程度	

一级指标	二级指标	三级指标	指标说明
A4 可持续性	B10 基金稳定性	C33 基金当期结余率	基金当期结余率＝当期基金结余/当期基金收入＊100％
		C34 基金累计结余	
		C35 统筹基金人均累计结余与上年度当地职工人均收入比值	当地职工人均收入指上年度统计部门公布的岗位平均工资
		C36 统筹基金余额的长期平衡性	统筹基金余额的长期平衡性＝基金累计结余/基金每月平均支出
		C37 统筹基金的共济性	统筹地区医疗保险当期的结余率与生育保险结余率的标准差
		C38 统筹基金的动态适应性	统筹基金的动态适应性＝医疗费用年增长率/统筹基金年收入增长率
	B11 经济适应性	C39 人均保险费用支出的增长率与当地人均 GDP 增长率比值	
		C40 参保人均保费支出占当地人均收入比例	
	B12 社会支持度	C41 社会人员对两险合并实施政策支持度	包括参保人员和非参保人员对两险合并实施政策的认知、态度、理解与支持
		C42 医疗机构对两险合并实施政策支持度	包括医护人员、医院管理人员对两险合并实施政策的认知、态度、理解与支持
		C43 参保单位对两险合并实施政策支持度	
		C44 保险经办人员对两险合并实施政策支持度	

一、一般性指标设置

初建的指标体系中的具体指标在"四统一、一不变"的两险合并实施内容的基础上设置，具体体现在以下五个方面。

（一）统一参保登记

该项内容涉及两险合并实施前职工医疗保险和生育保险参保人数，以及合并后该两项险种的参保情况。主要体现在初建的指标体系中的生育保险参保人数和职工医疗保险参保人数两方面。

（二）统一基金征缴和管理

该项内容涉及保险基金的筹集、使用和运行等。主要体现在初建的指标体系中的职工实际筹资负担率、医疗保险负担系数、在职职工缴费总额、基金使用率、基金筹集率、基金当期结余率、基金累计结余等方面。

（三）统一医疗服务管理

该项内容主要涉及定点医疗服务机构、定点生育医疗机构、医疗资源的使用等。主要体现在初建的指标体系中的定点医疗机构覆盖率、定点生育机构覆盖率、在一级医疗机构享受生育保险与职工医保待遇人次数比值、在二级医疗机构享受生育保险与职工医保待遇人次数比值、在三级医疗机构享受生育保险与职工医保待遇人次数比值、享受生育待遇中"二孩"与新生儿人数比值、在职员工享受医疗服务人次数占享受医疗服务总人次数比例、退休人员享受医疗待遇人次数占享受医疗服务总人次数比例等方面。

（四）统一经办和信息服务

该项内容主要涉及经办机构的管理和业务办理，主要体现在初建的指标体系中的经办人员年人均承担参保人数、经办信息系统满足工作需求程度、参保人柜面办理业务平均等待时间、柜面办理业务量、保险机构经办人员的积极性、即时结算的实现率等方面。

（五）职工生育期间的生育保险待遇不变

该项内容主要涉及职工生育期间的待遇，主要体现在初建的指标体系中的人均生育津贴、生育医疗费用负担比重两方面。

二、特征性指标设置

该指标体系在一般性指标设置的基础上，根据两险合并实施后所形成的新的职工基本医疗保险的功能和特性设置特征性指标。

（一）生育与医疗负担

用生育医疗费用负担比重和个人医疗费用负担比重两个指标考量两险合并实施的保障待遇水平，相较于仅用医疗费用负担比重这一个指标，更能体现两险合并实施后职工医疗保险的功能和特征。

（二）医疗资源

在效率维度下设置医疗资源这项二级指标，主要出于四方面的考虑：第一,使用医疗保险报销比例政策来鼓励到基层医疗机构就医,以达到优化医疗资源利用的目的;第二,在职职工缴纳医疗保险,退休人员不缴纳,并且相较在职职工而言,退休人员总体使用医疗资源较多;第三,随着"全面二孩"政策的实施,出生人口中"二孩"所占比例增加,"二孩"与"首胎"也是使用医疗资源的人群;第四,现有相关制度规定职工在二级及以下生育保险定点医疗机构发生的计划生育费用,在生育保险目录范围内的,由生育保险基金全额支付,个人只需承担生育保险目录范围外和目录范围内自付部分的费用,而职工在三级生育保险定点医疗机构发生的计划生育费用,在生育保险目录范围内的,实行限额结报。出于以上四点考虑设置医疗资源二级指标并下设相关的三级指标,这是以往医疗保险评价领域中所未涉及的考核指标。

(三)经办管理

本研究在效率维度下设置经办管理这项二级指标基于两方面的考虑:一方面,为响应近年来利用"互联网+"以提高社会公共事务办理效率的号召,纳入能够体现保险业务办理效率的指标,主要包含线上和线下业务办理量、经办信息系统满足工作需求程度、即时结算实现率等;另一方面,为体现两险合并实施经办管理效率,还可使用经办人员年人均承担参保人数、参保人柜面办理业务平均等待时间、管理费用支出、保险机构经办人员的积极性等指标。

(四)相关人员评价

该项政策中两险合并实施所涉及的相关人群包括参保人、参保单位社会经办人员、医疗机构医保经办人员和保险经办机构人员等,需要考量他们对该项工作的认知度、满意度和支持度等。故设置参保单位、参保人、医疗机构对医保管理与服务的满意度,以及参保单位、参保人、灵活就业人员对两险合并实施政策的了解与支持程度等指标。

第三节　评价指标权重的确定与信度效度检验

一、评价指标权重的确定

本书利用层次分析法(Analytic Hierarchy Process,简称 AHP)计算指标权重。20 世纪 70 年代,Saaty 提出 AHP,这是一种将定性与定量分析有机结合的多指标决策分析方法。其基本原理是将一个复杂的被评价系统按照其内在的逻辑关系建立起一个有序的层次结构,然后由专家依据专业知识、经验等对每一层级的同级的指标进行两两比较,构建判断矩阵;通过计算判断矩阵的最大特征值及对应的特征向量,得出该层要素对于该准则的权重;在此基础上,进行层次单排序和总排序一致性检验。(冀永强,2015;余敢华,2017)

(一)建立层次结构模型

AHP 将人的思维过程层次化,把复杂问题进行解构,并将分解后的各要素按支配关系分组进而形成多层次递阶结构。该评价指标体系包含 4 个一级指标,12 个二级指标,44 个三级指标。

(二)构造判断矩阵

在建立层次结构模型后,需要对各层次中指标进行两两比较,以便于形成矩阵。专家在两两比较过程中,需要用科学合适的判断尺度将这些判断用数值形式表示出来,形成判断矩阵。专家在进行两两比较确定指标相对重要程度时,通常采用重要程度 1—9 标度法(详见表 6 - 2)。

表 6 - 2　指标重要程度 1—9 标度表

两指标相比较	X_{ij} 赋值	两指标相比较	X_{ij} 赋值
i 与 j 同等重要	1	i 比 j 稍微不重要	1/3
i 比 j 稍微重要	3	i 比 j 明显不重要	1/5
i 比 j 明显重要	5	i 比 j 非常不重要	1/7
i 比 j 非常重要	7	i 比 j 绝对不重要	1/9
i 比 j 绝对重要	9	介于以上相邻不重要程度之间	1/2、1/4、1/6、1/8
介于以上相邻重要程度之间	2、4、6、8	—	—

(三)计算指标权重

根据专家打分所得到的判断矩阵,利用方根法逐行计算几何平均 W'_i,计算公式如式 6 - 1:

$$W'_i = \sqrt[n]{a_{i1} a_{i2} * a_{in}} \qquad (式 6 - 1)$$

在计算得到判断矩阵的几何平均 W'_i 后,需要对 W'_i 进行归一化,通过归一化确定指标权重 W_i,计算公式如式 6 - 2:

$$W_i = \frac{W'_i}{\sum_{i=1}^{n} W'_i} \qquad (式 6 - 2)$$

（四）一致性检验

两险合并实施效果评价具有复杂性，专家对其的认识具有主观性和模糊性，可能导致专家给出的判断矩阵不完全一致，因此一致性检验是必不可少的。进行一致性检验前，需先计算判断矩阵的最大特征根 λ_{max}，计算公式如式 6-3、式 6-4：

$$\lambda_i = \frac{\sum_{i=1}^{n} a_{ij} W_j}{W_i} \qquad \text{（式 6-3）}$$

$$\lambda_{max} = \frac{\sum_{i=1}^{n} \lambda_i}{n} \qquad \text{（式 6-4）}$$

本研究采用 CR 来验证判断矩阵是否通过一致性检验，若 $CR < 0.1$，则通过，否则需调整判断矩阵以满足一致性检验标准。其中，RI 为随机一致性指标，RI 的具体取值见表 6-3。CR 的计算公式如式 6-5：

$$CR = \frac{(\lambda_{max} - n) * RI}{n-1} \qquad \text{（式 6-5）}$$

表 6-3　随机一致性指标 RI 取值表

n	1	2	3	4	5	6	7	8	9
RI	0	0	0.58	0.9	1.12	1.24	1.32	1.41	1.45

根据 AHP 确定指标权重的计算步骤，计算得到各项指标的权重值，在计算得到各位专家赋予每项指标权重值的基础上，将 23 位专家赋予指标的权重值进行加权平均，得到各项指标的最终权重。最后，计算指标的组合权重，计算规则为该项指标的权重值乘以其所属上一级指标的权重值（详见表 6-4）。

表 6-4　评价指标权重表

一级指标	权重	二级指标	权重	组合权重	三级指标	权重	组合权重
A1	0.234	B1	0.221	0.055 3	C1	0.546	0.030 2
					C2	0.454	0.025 1
		B2	0.354	0.088 5	C3	0.453	0.040 1
					C4	0.547	0.193 6
		B3	0.425	0.106 3	C5	0.414	0.044 0
					C6	0.356	0.037 8
					C7	0.230	0.024 4

（续表）

一级指标	权重	二级指标	权重	组合权重	三级指标	权重	组合权重
A2	0.221	B4	0.312	0.078 0	C8	0.587	0.045 8
					C9	0.413	0.032 2
		B5	0.325	0.081 3	C10	0.105	0.008 5
					C11	0.118	0.009 6
					C12	0.161	0.013 1
					C13	0.217	0.017 6
					C14	0.148	0.012 0
					C15	0.251	0.020 4
		B6	0.363	0.090 8	C16	0.201	0.018 2
					C17	0.112	0.010 2
					C18	0.089	0.008 1
					C19	0.105	0.009 5
					C20	0.185	0.016 8
					C21	0.109	0.009 9
					C22	0.107	0.009 7
					C23	0.092	0.008 3
A3	0.134	B7	0.418	0.104 5	C24	0.345	0.036 1
					C25	0.327	0.034 2
					C26	0.328	0.034 3
		B8	0.313	0.078 3	C27	0.391	0.030 6
					C28	0.307	0.024 0
					C29	0.302	0.023 6
		B9	0.269	0.067 3	C30	0.379	0.025 5
					C31	0.363	0.024 4
					C32	0.258	0.017 4
A4	0.411	B10	0.394	0.098 5	C33	0.133	0.013 1
					C34	0.159	0.0157
					C35	0.234	0.023 0
					C36	0.219	0.021 6

（续表）

一级指标	权重	二级指标	权重	组合权重	三级指标	权重	组合权重
					C37	0.129	0.012 7
					C38	0.126	0.012 4
		B11	0.363	0.090 8	C39	0.491	0.044 6
					C40	0.509	0.046 2
					C41	0.238	0.014 5
		B12	0.243	0.060 8	C42	0.279	0.016 9
					C43	0.235	0.014 3
					C44	0.248	0.015 1

二、评价指标的信效度检验

（一）信度检验

利用 SPSS 进行信度检验，统计分析结果表明，各项指标与总分之积差均未出现零相关或负相关，且克朗巴哈系数值为 0.952。通常认为克朗巴哈系数大于 0.9，表明评价指标体系具有较好的信度。

（二）效度检验

先采用 SPSS 进行 KMO 和 Bartlett 球形度检验，结果显示 KMO 取样适合度统计量为 0.758，且显著性 $P < 0.05$（见表 6-5）。Kaiser 给出是否适合做因子分析的 KMO 度量标准：KMO<0.6 表示不适合，$0.6 \leqslant$ KMO<0.7 表示尚可，$0.7 \leqslant$ KMO<0.8 表示一般，KMO$\geqslant 0.8$ 表示非常适合。说明评价指标体系适合做因子分析。因子分析结果显示，抽取的 16 个公因子的累计总方差量为 72.51%，因子载荷大于 0.5，说明评价指标体系结构效度良好（见表 6-6）。

表 6-5　KMO 和 Bartlett 检验结果

KMO 取样适切性量数		0.758
Bartlett 球形度检验	上次读取的卡方	3 579.44
	自由度	1 431
	显著性	0.00

表 6-6　总方差解释量

组件	初始特征值			提取载荷平方和			旋转载荷平方和		
	总计	方差百分比	累计	总计	方差百分比	累计	总计	方差百分比	累计
1	12.85	23.80	23.80	12.85	23.80	23.80	2.85	5.29	5.29
2	2.99	5.53	29.33	2.99	5.53	29.33	2.81	5.21	10.49
3	2.55	4.72	34.05	2.55	4.72	34.05	2.73	5.06	15.55
4	2.45	4.53	38.58	2.45	4.53	38.58	2.66	4.93	20.48
5	2.27	4.20	42.78	2.27	4.20	42.78	2.53	4.68	25.15
6	2.26	4.19	46.97	2.26	4.19	46.97	2.49	4.62	29.77
7	1.83	3.40	50.36	1.83	3.40	50.36	2.49	4.62	34.39
8	1.73	3.21	53.57	1.73	3.21	53.57	2.48	4.59	38.97
9	1.56	2.89	56.46	1.56	2.89	56.46	2.44	4.52	43.49
10	1.48	2.74	59.20	1.48	2.74	59.20	2.42	4.48	47.98
11	1.41	2.61	61.81	1.41	2.61	61.81	2.38	4.40	52.38
12	1.28	2.37	64.18	1.28	2.37	64.18	2.31	4.28	56.66
13	1.22	2.26	66.44	1.22	2.26	66.44	2.31	4.27	60.93
14	1.15	2.13	68.57	1.15	2.13	68.57	2.22	4.11	6 504
15	1.13	2.09	70.66	1.13	2.09	70.66	2.07	3.84	68.88
16	1.00	1.86	72.51	1.00	1.86	72.51	1.96	3.64	72.51

三、小结

通过借鉴以往学者的研究成果和经验,结合两险合并实施后的职工基本医疗保险所兼顾的保障功能和特点,以公平、效率、质量和可持续性为框架,设置一般性指标与特征性指标,探索并初步搭建一个最终由 4 个一级指标、12 个二级指标、44 个三级指标组成的生育保险与职工基本医疗保险合并实施效果评价指标体系,来探究两险合并实施所取得的成效。但由于目前两险合并实施试点的时间较短,各试点城市的实施政策以及地区发展存在一定差异性,本研究结果具有一定的局限性。

第四节　评价指标体系的实际应用

通过对泰州市持续 2 年的跟踪调查发现,2017—2019 年两险合并实施期间,医疗机构和医保机构在公平、效率、质量和可持续性方面有了显著提升,两险合并实施效果显著(详见表 6-7)。

表 6-7　评价指标体系的实际应用

一级指标	二级指标	三级指标	2017 年	2018 年	2019 年
A1 公平	B1 参保	C1 生育保险参保人数	607 568	659 466	682 817
		C2 职工医疗保险参保人数	1 268 879	1 390 128	1 468 866
	B2 定点机构	C3 定点医疗机构覆盖率	88.69%	94.76%	95.24%
		C4 定点生育机构覆盖率	100.00%	100.00%	100.00%
	B3 筹资	C5 职工实际筹资负担率	21.09%	19.78%	18.92%
		C6 医疗保险负担系数	2.66	2.61	2.57
		C7 在职职工缴费筹资总额	501 590	575 858	531 157
A2 效率	B4 保险基金	C8 基金使用率	84.82%	83.62%	102.07%
		C9 基金筹集率	98.71%	98.99%	98.68%
	B5 医疗资源	C10 在一级医疗机构享受生育保险与职工医保待遇人次数比值	0.15%	0.14%	0.23%
		C11 在二级医疗机构享受生育保险与职工医保待遇人次数比值	0.89%	0.76%	0.91%
		C12 在三级医疗机构享受生育保险与职工医保待遇人次数比值	0.96%	0.97%	0.89%
		C13 享受生育待遇中"二孩"与新生儿人数比值	78.95%	77.28%	74.91%
		C14 在职员工享受医疗服务人次数占享受医疗服务总人次数比例	60.85%	60.90%	61.47%
		C15 退休人员享受医疗服务人次数占享受医疗服务总人次数比例	39.15%	39.10%	38.53%

（续表）

一级 指标	二级指标	三级指标	2017 年	2018 年	2019 年
	B6 经办机构管理	C16 经办人员年人均承担参保人数	211 479.83	221 053.60	231 256.70
		C17 经办信息系统满足工作需求程度	基本满足	基本满足	基本满足
		C18 参保人柜面办理业务平均等待时间	8 分钟	5 分钟	5 分钟
		C19 柜面办理业务量	13 495	16 334	18 521
		C20 线上办理业务量	38 354	41 023	46 180
		C21 管理费用支出	—	—	—
		C22 保险机构经办人员积极性	95.00%	98.00%	100.00%
		C23 即时结算实现率	100.00%	100.00%	100.00%
A3 质量	B7 参保人保障水平	C24 人均生育津贴	22 106.27	10 271.27	11 285.79
		C25 生育医疗费用负担比重	5.90%	5.73%	10.20%
		C26 个人医疗费用负担比重	19.85%	18.93%	29.58%
	B8 保险机构服务	C27 参保单位对医保管理与服务满意度	97.00%	98.00%	98.50%
		C28 参保人对医保管理与服务满意度	97.00%	98.00%	98.50%
		C29 定点医药机构对医保管理与服务满意度	97.00%	98.00%	98.50%
	B9 公众认知度	C30 参保单位对两险合并实施政策了解程度	80.00%	86.00%	95.00%
		C31 参保人对两险合并实施政策了解程度	80.00%	86.00%	95.00%
		C32 灵活就业人员对两险合并实施政策了解程度	80.00%	86.00%	95.00%
A4 可持续性	B10 基金稳定性	C33 基金当期结余率	12.97%	14.48%	9.96%
		C34 基金累计结余	866 490	1 013 773	1 125 945
		C35 统筹基金人均累计结余与上年度当地职工人均收入比值	9.63	10.51	10.74

（续表）

一级指标	二级指标	三级指标	2017年	2018年	2019年
		C36 统筹基金余额的长期平衡性	26.7	27.78	27.22
		C37 统筹基金的共济性			
		C38 统筹基金的动态适应性	9.02%	21.01%	21.96%
	B11 经济适应性	C39 人均保险费用支出的增长率与当地人均 GDP 增长率比值	—	−1.38	1.01
		C40 参保人均保费支出占当地人均收入比例	5.50%	5.07%	4.84%
	B12 社会支持度	C41 社会人员对两险合并实施政策支持度	83.00%	89.00%	97.00%
		C42 医疗机构对两险合并实施政策支持度	83.00%	89.00%	97.00%
		C43 参保单位对两险合并实施政策支持度	83.00%	89.00%	97.00%
		C44 保险经办人员对两险合并实施政策支持度	83.00%	89.00%	97.00%

注：① 管理费用难以统计；② 管理费用并没有因为两险合并实施发生变化。

（1）公平方面

从公平角度看，2017年泰州市生育保险参保人数有 607 568 人，2018年和2019年生育保险参保人数分别有 659 466 人和 682 817 人，分别增长了8.54%和3.54%，可见两险合并实施对生育保险覆盖面的扩大起到了明显的作用。2017年职工医疗保险参保人数有 1 268 879 人，2018年和2019年职工医疗保险参保人数分别有 1 390 128 人和 1 468 866 人，分别增长了9.56%和5.66%，说明两险合并实施有效增加了职工医疗保险参保人数。2017年定点医疗机构覆盖率为 88.69%，2018年和2019年分别增长至94.76%和95.24%，可见两险合并实施后定点医疗机构的覆盖率也逐渐提升，实施效果显著。2017年、2018年和2019年的定点生育机构覆盖率均为100.00%，说明泰州市定点医疗机构均满足生育医疗的要求。2017年职工实际筹资负担率为 21.09%，2018年和2019年分别降至 19.78% 和

18.92%,说明两险合并实施显著降低了职工的医疗负担。2017 年医疗保险负担系数为 2.66,2018 年和 2019 年医疗保险负担系数分别为 2.61 和 2.57,说明两险合并实施后,参保人员中在职员工数与退休员工数的占比稍有降低。2017 年在职职工缴费筹资总额为 501 590 万元,2018 年为 575 858 万元,而 2019 年为 531 157 万元,说明两险合并实施后在职职工缴费筹资总额有所提升。

（2）效率方面

从效率角度看,2017 年基金使用率为 84.82%,2018 年为 83.62%,2019 年上升至 102.07%,可见两险合并实施后基金的使用率显著上升,侧面说明享受生育保险的人数增加,政策效果明显。2017 年基金筹集率为 98.71%,2018 年和 2019 年的基金筹集率分别为 98.99% 和 98.68%,可见在两险合并实施后的第一年,基金的实际筹资金额有明显提升。2017 年在一级医疗机构享受生育保险与职工医保待遇人次数比值为 0.15%,2018 年和 2019 年分别为 0.14% 和 0.23%;2017 年在二级医疗机构享受生育保险与职工医保待遇人次数比值为 0.89%,2018 年和 2019 年分别为 0.76% 和 0.91%;2017 年在三级医疗机构享受生育保险与职工医保待遇人次数比值为 0.96%,2018 年和 2019 年分别为 0.97% 和 0.89%;从三组数据来看,两险合并实施后,总体上享受生育保险与职工医保待遇人次数比值呈缓慢上升趋势,侧面说明享受生育保险的人数有所增加。此外,三级医疗机构享受生育保险与职工医保待遇的人次数比值无明显增加,侧面说明两险合并实施政策对实施分级诊疗起到一定的促进作用。

2017 年享受生育待遇中"二孩"与新生儿人数比值为 78.95%,2018 年和 2019 年分别为 77.28% 和 74.91%;2017 年在职员工享受医疗服务人次数占享受医疗服务总人次数比例为 60.85%,2018 年和 2019 年分别为 60.90% 和 61.47%,说明两险合并实施在一定程度上促进了享受医疗服务人数的增加。2017 年退休人员享受医疗服务人次数占享受医疗服务总人次数比例为 39.15%,2018 年和 2019 年分别为 39.10% 和 38.53%,占比逐年略微下降,进一步说明两险合并实施后享受医疗服务总人次逐年增加。

2017—2019 年,经办人员人均承担参保人数分别为 211 479.83 人、221 053.60 人和 231 256.70 人,2018 年和 2019 年分别增长了 4.53% 和 4.62%;经办信息系统均能基本满足工作需求;参保人柜面办理业务平均等待时间也从 2017 年的 8 分钟减少至 2018 和 2019 年的 5 分钟,说明两险合并实施在提高经办人员工作效率方面发挥了显著的作用。2017—2019 年,柜面办理业务量也从 13 495 人分别增长至 16 334 和 18 521 人,线上办理业务量也从 38 354 人分别增长至 41 023 人和 46 180 人,侧面说明两险合并实施后,参保人员数量显著增加,医保机构服务质量效率明显提升。2017 年有 95.00%的经办人员积极性较高,2018 年和 2019 年分别增长至 98.00%和 100.00%,说明两险合并实施对经办人员积极性的提高有显著影响。2017—2019 年,医保及时结算实现率均为 100.00%,说明医保经办机构管理高效及时。

（3）质量方面

从质量角度看,2017 年人均生育津贴为 22 106.27 元,2018 年两险合并后人均生育津贴下降至 1 0271.27 元,2019 年为 11 285.79 元,说明两险合并实施后人均生育津贴下降。2017 年生育医疗费用负担比重为 5.90%,2018 年和 2019 年分别为 5.73%和 10.20%;2017 年个人医疗费用负担比重为 19.85%,2018 年和 2019 年分别为 18.93%和 29.58%。参保单位对医保管理与服务满意度、参保人对医保管理与服务满意度及定点医药机构对医保管理与服务满意度也逐年上升,2017 年满意度均为 97.00%,2018年满意度均为 98.00%,2019 年满意度均为 98.50%;参保单位对两险合并实施政策了解程度、参保人对两险合并实施了解程度及灵活就业人员对两险合并实施政策了解程度也在逐年上升,2017 年公众认知度均为 80.00%,2018 年公众认知度均为 86.00%,2019 年公众认知度均为 95.00%,说明两险合并实施政策在广大群众中得到了广泛的传播。

（4）可持续性方面

从可持续性角度看,2017 年基金当期结余率为 12.97%,2018 年和 2019 年分别为 14.48%和 9.96%,侧面说明基金使用率上升,医保基金进一步盘活。2017 年基金累计结余 866 490 万元,2018 年和 2019 年分别增长至 1 013 773 万元和 1 125 945 万元,说明两险合并实施后,基金池总量变大,累计结余变多。2017 年统筹基金人均累计结余与上年度当地职工人均收入比值为 9.63,2018 年和 2019 年分别增长至 10.51 和 10.74;2017 年统筹基金余额的长期平衡性指数为 26.7,2018 年和 2019 年分别增长至 27.78 和 27.22;2017 年统筹基金的动态适应性指数为 9.02%,2018 年和 2019 年分别为 21.01%和 21.96%,说明两险合并实施后,基金的可持续性有所增强。2018 年人均保险费用支出的增长率与当地人均 GDP 增长率比值为－1.38,2019 年为 1.01;2017 年参保人均保费支出占当地人均收入比例为 5.50%,2018 年和 2019 年分别为 5.07%和 4.84%,说明两险合并实施降低了人均保费支出。社会人员对两险合并实施政策支持度、医疗机构对两险合并实施政策支持度、参保单位对两险合并实施政策支持度和保险经办人员对两险合并实施政策支持度均逐年上升,2017 年的社会支持度均为 83.00%,2018 年的社会支持度均为 89.00%,2019 年的社会支持度高达 97.00%,可见两险合并实施政策得到了社会各界的广泛认可与支持。

第七章 两险合并实施的可持续性研究

两险合并实施作为一项新的制度尝试和工作安排具有一定的政策不确定性和风险性,可持续性发展是这项制度的生命和根基。对于两险合并实施来说,首先要完成的目标就是扩大生育保险和职工基本医疗保险的基金池总量,提高保险基金的抗风险能力和互济性。两险合并实施的基金安全和可持续是制度发展的重要物质基础,是调动参保积极性和保障制度可行性的重要支撑,是影响两险合并制度可持续性的关键因素。此外,两险合并制度的另一重要目标是简化工作流程,提升经办管理效能,调动各方参与制度建设的积极性,体现制度的优越性。所以,两险合并实施的运行管理工作进程也是影响两险合并实施可持续性发展的重要因素。

第一节 相关假设及模型构建

一、相关假设

假设 1:参保生育保险和职工基本医疗保险的在职职工可以被分为城镇就业人员和灵活就业人员两类,由于不同年龄人口的就业率存在差异,本研究设置城镇就业人员初次参保的年龄为 22 岁。根据 2010 年第六次人口普查的口径,仍然假定人口最大生存年龄为 100 岁;中国的退休年龄仍保持1978 年的政策不变,即男性在 60 岁退休,女干部在 55 岁退休,女工人在 50岁退休。依据国家《"十三五"规划纲要》文件精神,中国延迟退休年龄已经成为一种必然趋势,由于国家具体的退休方案还未出台,因此,本文假设退休年龄实行渐进式延迟,直至 65 岁。

假设 2:基金管理费用为零。由于管理机构费用由各级财政支出,基金管理费用不从两险合并实施后新的职工基本医疗保险基金中支出,因此,本研究设定基金管理费用为零。

假设 3： 测算起讫时间为 15 年。从 2018 年开始到 2033 年结束。医疗保障支付属于短期项目，应维持近期平衡，而基金本身缺乏积累性，因此，针对基金的精算分析以短期预测为宜。

上述假设在一定程度上可能会影响精算精度，但不会对研究结果产生实质影响。

二、基金收入模型构建

由于统筹基金收入 $(TI)_t$ 由灵活就业人员缴费 $(TI)_t^1$ 与单位在职员工统一缴费 $(TI)_t^2$ 之和构成，故统筹基金收入公式可表达为：

$$(TI)_t = (TI)_t^1 + (TI)_t^2$$

$$= \left[\sum_{i=1} \sum_{x=a}^{b_t^i} N_{t,x}^i \times \overline{w}_t^1 \times R_t^1 \times \varphi \right] + \left[\sum_{i=1}^3 \sum_{x=a}^{b_t^i} N_{t,x}^i \times \overline{w}_t^2 \times (R_t^2 \times \partial + R_t^{\bar{2}} \times \varphi) \right]$$

$$= \left[\sum_{i=1} \sum_{x=a}^{b_t^i} N_{t,x}^i \times \overline{w}_{t_0}^1 \times \prod_{s=t_0}^{t-1} (1+w_r^1) \times R_t^1 \times \varphi \right] + \left[\sum_{i=1}^3 \sum_{x=a}^{b_t^i} N_{t,x}^i \times \right.$$

$$\left. \overline{w}_{t_0}^2 \times \prod_{s=t_0}^{t-1} (1+w_r^2) \times (R_t^2 \times \partial + R_t^{\bar{2}} \times \varphi) \right] \qquad (\text{式} 7-1)$$

在式 7-1 中，$N_{t,x}^i$ 指 i 类参保人在 t 年 x 岁的数量，$i=1,2,3$ 分别代表女职工、男职工和女干部，a 为参保人第一次参保时的年龄，b_t^i 指 i 类参保人退休时的年龄，$\sum_{i=1} \sum_{x=a}^{b_t^i} N_{t,x}^i$ 和 $\sum_{i=1}^3 \sum_{x=a}^{b_t^i} N_{t,x}^i$ 分别指 t 年参保灵活就业人员和参保职工的人数，$\overline{w}_t^1$ 和 $\overline{w}_t^2$ 分别指 t 年灵活就业人员缴费基数和参保职工缴费基数，R_t^1、R_t^2 和 $R_t^{\bar{2}}$ 分别指灵活就业人员缴费费率、生育保险单位缴费费率和职工基本医疗保险的单位缴费费率，∂ 指生育保险基金并入职工基本医疗保险的比例，φ 指纳入统筹账户的比例，t_0 为基期年，W_r^1 和 W_r^2 分别指灵活就业人员人均缴费基数增长率和参保职工人均缴费基数增长率。

三、基金支出模型构建

统筹基金支出 $(TE)_t$ 包括生育待遇支出 $(TEM)_t$ 与疾病医疗费用支出 $(TEP)_t$ 两部分，故统筹基金支出公式可表达为：

$$(TE)_t = (TEM)_t + (TEP)_t \qquad (\text{式} 7-2)$$

生育待遇支出可分为津贴和医疗，具体分为计划生育津贴 $(TEM)_t^1$、计划生育医疗费用$(TEM)_t^2$、生育(指有生养的生育行为)津贴$(TEM)_t^3$和生育(指有生养的生育行为)医疗费用$(TEM)_t^4$构成,可表达为:

$$(TEM)_t = (TEM)_t^1 + (TEM)_t^2 + (TEM)_t^3 + (TEM)_t^4 \quad (式 7-3)$$

式7-3具体可以表达为:

$$(TEM)_t = \left\{ A_t^1 \times \prod_{s=t_0}^{t-1} (1+r_1^1) \times [B_t^1 \times (1+r_1^2) + C_t^1 \times (1+r_1^3)] + \right.$$

$$A_t^2 \times \prod_{s=t_0}^{t-1} (1+r_1^4) \times [B_t^2 \times (1+r_1^5) +$$

$$\left. C_t^2 \times (1+r_1^6)] \right\} \times \xi \qquad (式 7-4)$$

在式7-4中,ξ指生育意愿调整系数,A_t^1指年计划生育人数,r_1^1指计划生育待遇享受人次增长率,B_t^1指人均计划生育津贴,r_1^2指计划生育人均生育津贴增长率,C_t^1指人均计划生育医疗费用,r_1^3指计划生育人均医疗费用增长率,A_t^2指年生育待遇享受人数,r_1^4指生育(指有生养的生育行为)待遇享受人次增长率,B_t^2指人均生育津贴,r_1^5指生育(指有生养的生育行为)津贴增长率,C_t^1指人均生育(指有生养的生育行为)医疗费用,r_1^6指人均生育(指有生养的生育行为)医疗费用增长率。

疾病医疗费用支出包含门诊$(TEP)_t^1$和住院$(TEP)_t^2$两部分,可表达为:

$$(TEP)_t = (TEP)_t^1 + (TEP)_t^2 \qquad (式 7-5)$$

式7-5具体可以表达为:

$$(TEP)_t = \left(\sum_{i=1}^{c} \sum_{x=a}^{c} N_{t,x}^i + \sum_{i=1}^{3} \sum_{x=a}^{c} N_{t,x}^i \right) \times \prod_{s=t_0}^{t} [AE_t^1 \times (1+r_2^{s_1}) +$$

$$AE_t^2 \times (1+r_2^{s_2})] \qquad (式 7-6)$$

在式7-6中,c指参保人最大生存年龄,$\sum_{i=1}^{c}\sum_{x=a}^{c} N_{t,x}^i$和$\sum_{i=1}^{3}\sum_{x=a}^{c} N_{t,x}^i$分别指$t$年参保灵活就业人员和参保职工的人数,$AE_t^1$指职工基本医疗保险门诊人均统筹基金,$AE_t^2$指职工基本医疗保险住院人均统筹基金支出,$r_2^1$指职工基本医疗保险门诊人均统筹基金支出年增长率,$r_2^2$指职工基本医疗保险住院人均统筹基金支出年增长率。

本书借鉴 Mayhew L(2000)提出的"增长因子"方法来预测未来人均住

院医疗费用增长率(或人均统筹基金支出增长率)。"增长因子"方法认为,导致人均住院医疗费用增长的主要因素有医疗技术发展、人口老龄化等。与此同时,该方法假设各项因素独立对人均住院医疗费用产生影响。基于该假设,各项因素与人均住院医疗费用增长的关系可以表达为:

$$AE_t^2 = AE_{t-1}^2 \times \exp\left[\sum r_i(t)\right] \qquad (式7-7)$$

其中,$r_i(t)$为 t 年第 i 项因素带来的人均住院医疗费用增长率,$\sum r_i(t)$ 为 t 年各项因素带来的人均住院医疗费用增长率之和。受"全面二孩"政策影响,人口结构也会随之发生改变,为了更好地分析"全面二孩"政策效应,本书将人口结构因素带来的影响单独分离,将其他因素统称为非人口结构因素,则式7-7可改写为:

$$AE_t^2 = AE_{t-1}^2 \times \exp\left[(rp(t)+ru(t))\right] \qquad (式7-8)$$

其中,$rp(t)$和 $ru(t)$分别为 t 年人口结构因素和非人口结构因素对人均住院医疗费用增长率的影响。假设 $p_i(t)$为 t 年 i 年龄组的人口占总人口的比重,$C_i(t)$是 t 年 i 年龄组的人均医疗费用增长权重(邓大松等,2003),$rp(t)$的计算公式可以写成:

$$rp(t) = \ln \frac{\sum_i P_i(t) \times C_i(t)}{\sum_i P_i(t-1) \times C_i(t-1)} \qquad (式7-9)$$

综上,统筹基金支出公式可具体表达为:

$$
\begin{aligned}
(TE)_t = &\left\{ A_t^1 \times \prod_{s=t_0}^{t} (1+r_1^{s^1}) \times \left[B_t^1 \times (1+r_1^{s^2}) + C_t^1 \times (1+r_1^{s^3})\right] + \right.\\
&\left. A_t^2 \times \prod_{s=t_0}^{t} (1+r_1^{s^4}) \times \left[B_t^2 \times (1+r_1^{s^5}) + C_t^2 \times (1+r_1^{s^6})\right] \right\} \times \xi + \\
&\left(\sum_{i=1}^{c} \sum_{x=a}^{c} N_{t,x}^i + \sum_{i=1}^{3} \sum_{x=a}^{c} N_{t,x}^i\right) \times \prod_{s=t_0}^{t} \left[AE_t^1 \times (1+r_2^{s^1}) + \right.\\
&\left. AE_t^2 \times (1+r_2^{s^2})\right] \qquad (式7-10)
\end{aligned}
$$

四、基金结余模型构建

(一) 基金当期结余模型构建

统筹基金当期结余是由统筹基金当期收入减去统筹基金当期支出,故统筹基金当期结余公式可表达为:

$$M_t = (TI)_t - (TE)_t \qquad (式7-11)$$

在式 7-11 中,当 $M_t > 0$ 时,当期统筹基金存在结余;当 $M_t < 0$ 时,当期统筹基金出现赤字,将使用累计基金维持基金平稳运行。

(二)基金累计结余模型构建

统筹基金累计结余是由历年的统筹基金结余和利息收入等增值部分构成,故统筹基金累计结余公式可表达为:

$$P_t = P_{t-1} \times (1+f_1) + M_t \times (1+f_2) \qquad (式 7-12)$$

在式 7-12 中,P_t 表示泰州市 t 年的统筹基金结余,f_1 表示上年基金结余的平均收益率,f_2 表示当期基金结余的平均收益率。

第二节　试点城市两险合并的基金可持续性分析

本章利用上述模型对泰州市两险合并实施前后的职工基本医疗保险的基金可持续性进行了评估。为了能更加清晰地了解泰州市生育保险、职工基本医疗保险、两险合并实施后新的职工基本医疗保险的基金运行状况,根据测算相关参数,本研究将分四种情景进行预测:情景 1 是在两险未合并情况下对职工基本医疗保险基金在 2018—2033 年的收支及结余情况进行预测;情景 2 是在两险未合并情况下对生育保险基金在 2018—2033 年的收支及结余情况进行预测;情景 3 是在两险合并实施的情况下对职工基本医疗保险基金在 2018—2033 年的收支及结余情况进行预测;情景 4 是在仅将生育医疗费用并入职工基本医疗保险的情况下对职工基本医疗保险在 2018—2033 年的基金收支及结余情况进行预测。其中,在对两险未合并情况下的两项保险进行测算时,除将测算模型中的 ∂ 设为 1 外,其他未涉及的参数或数据均设定为 0。

一、相关参数测算

(一)缴费基数增长率

年平均缴费基数 = 年缴费基数总额/参保人数。根据泰州市 2011—2017 年的年平均缴费基数,计算得出年缴费基数增长率为 10.76%。

(二)实际缴费率

根据泰州市职工基本医疗保险的年统计报表与公式[缴费率 = 年职工医保基金总收入/(年参保人数 * 年缴费基数)],得出 2017 年之前全市实际平均缴费费率,再根据 GM(1,1)模型预测出 2018—2033 年的实际缴费率。

(三) 灵活就业人员缴费率

根据泰州市医保部门每年公布的职工医疗保险月缴费工资基数上下限标准范围,灵活就业人员自主选择范围内的缴费工资基数,一般由个人按照本人工资的 11‰缴纳。

(四) 划入统筹基金比例

单位缴纳的职工基本医疗保险按照职工年龄不同划入个人账户的比例不同,占比为 55.29％—67.06％。2011—2017 年,泰州市统筹基金收入占基金总收入的平均比重为 62.05％。因此,从实际情况出发和方便公式计算,本研究假设划入统筹基金的比例为 62％。

(五) 职工基本医疗保险门诊与住院人均统筹基金支出年增长率

本研究中对职工基本医疗保险门诊与住院人均统筹基金支出年增长率的设置出于以下三方面考虑:第一,2011—2017 年职工基本医疗保险统筹基金门诊与住院支出占当期每位参保人(含在职职工、灵活就业和退休人员)的平均支出的年增长率;第二,2011—2017 年生育保险基金支出占每位参保人的平均支出的年增长率;第三,两项保险在 2011—2017 年统筹支出中的结构。

(六) 生育相关待遇支出增长率

生育相关待遇支出增长率可以依据 2011—2017 年泰州市生育保险待遇支出统计报表数据计算得出。其中,本研究将 2017 年我国人口出生率 12.43‰作为生育(指有生养的生育行为)待遇享受待遇增长率。

(七) 基金结余收益率

考虑到基金的保值增值及稳健运行,本研究将 2017 年中国银行活期存款利率 0.30％作为当期基金结余收益率,并将基金累计结余的收益率设定为 2017 年中国银行的整存整取五年期的年利率 2.75％。

(八) 生育保险并入职工基本医疗保险比例

根据泰州市 2011—2017 年生育保险中医疗费用所占比例,并对其进行线性分析得出 2016 年后生育医疗费用支出占比将趋于 36％,故在仅将生育医疗并入职工基本医疗保险的情况下测算基金收支及结余时,将 ∂ 设定为 36％,见图 7-1。

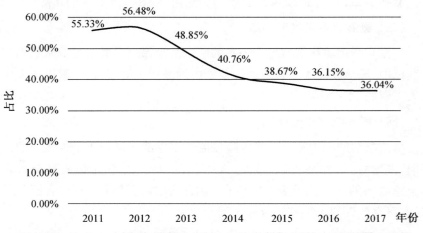

图 7-1　2011—2017 年泰州市生育医疗支出占生育保险支出比例

资料来源:泰州市人力资源和社会保障局年度报表(下文相关数据均是相同资料来源)。

(九) 生育意愿调整系数

2016 年底,全国妇联对全国 10 个省市、上万名儿童父母的"二孩"生育意愿进行了调查,并发布了《实施全面两孩政策对家庭教育的影响》调查报告。结果显示,有"二孩"生育意愿的家庭仅占 20.5%,不确定是否生育"二孩"的占 26.2%。基于此,本研究以实际生育意愿 20.5%作为生育意愿调整系数。

二、基金测算结果

(一) 情景 1:两险未合并情况下职工基本医疗保险基金收支及结余情况预测

从表 7-1 可见,2018—2033 年泰州市职工基本医疗保险的当期统筹基金收入和支出均呈现逐步上升的趋势,预测年限内统筹基金累计结余均具有备付能力。泰州市职工基本医疗保险的当期统筹基金总收入由 2018 年的 375 081 万元提高到 2033 年的 2 663 623 万元,15 年内将增长 6.10 倍;当期统筹基金总支出由 2018 年的 288 699 万元提高到 2033 年的 2 798 104 万元,15 年内将增长 8.69 倍;统筹基金累计结余的备付月数在 2018—2033 年由 28.46 个月降至 9.22 个月。

表 7-1　两险未合并情况下职工基本医疗保险基金收支及结余预测

年份	当期统筹基金 总收入/万元	当期统筹基金 总支出/万元	当期统筹基金 结余/万元	统筹基金累 计结余/万元	备付能力/ 月
2018	375 081	288 699	86 382	684 806	28.46
2019	427 446	335 898	91 549	795 462	28.42
2020	487 122	390 812	96 310	913 936	28.06
2021	555 130	454 705	100 425	1 039 795	27.44
2022	632 632	529 043	103 589	1 172 290	26.59
2023	720 954	615 534	105 420	1 310 264	25.54
2024	821 607	716 165	105 442	1 452 055	24.33
2025	936 312	833 248	103 064	1 595 360	22.98
2026	1 067 031	969 472	97 559	1 737 083	21.50
2027	1 216 000	1 127 968	88 032	1 873 150	19.93
2028	1 385 767	1 312 375	73 392	1 998 273	18.27
2029	1 579 235	1 526 930	52 305	2 105 688	16.55
2030	1 799 713	1 776 561	23 151	2 186 815	14.77
2031	2 050 972	2 067 005	-16 033	2 230 871	12.95
2032	2 337 309	2 404 931	-67 622	2 224 395	11.10
2033	2 663 623	2 798 104	-134 481	2 150 681	9.22

（二）情景 2：两险未合并情况下生育保险基金收支及结余情况预测

泰州市生育保险基金早在 2015 年时当期基金结余就已赤字，本研究假设在生育政策调整（2016 年全面放开的"二孩"政策）且不进行两险合并实施试点的情况下，泰州市生育保险基金在 2018—2033 年收支及结余预测如表 7-2 所示。预测结果显示，泰州市生育保险基金在未来依旧持续面临着赤字。2018 年基金累计结余的备付月数仅为 3.36 个月，2019 年完全失去了可支付能力，累计结余赤字达 6 738 万元，生育保险基金不能维持运行。

表 7-2　两险未合并情况下生育保险基金收支及结余预测

年份	当期基金总 收入/万元	当期基金总 支出/万元	当期基金 结余/万元	累计结余/ 万元	备付能力/ 月
2018	15 542	26 479	-10 937	7 413	3.36
2019	17 558	31 870	-14 312	-6 738	—
2020	19 836	38 359	-18 523	-25 501	—

年份	当期基金总收入/万元	当期基金总支出/万元	当期基金结余/万元	累计结余/万元	备付能力/月
2021	22 410	46 169	−23 759	−50 033	—
2022	25 317	55 569	−30 252	−81 751	—
2023	28 602	66 882	−38 281	−122 395	—
2024	32 313	80 500	−48 187	−174 093	—
2025	36 505	96 890	−60 385	−239 446	—
2026	41 241	116 617	−75 375	−321 632	—
2027	46 592	140 360	−93 768	−424 527	—
2028	52 637	168 938	−116 301	−552 851	—
2029	59 466	203 334	−143 867	−712 353	—
2030	67 182	244 733	−177 551	−910 026	—
2031	75 898	294 561	−218 663	−1 154 370	—
2032	85 745	354 534	−268 788	−1 455 710	—
2033	96 870	426 717	−329 847	−1 826 579	—

注:表中"—"是指基金已不具有备付能力,下同。

（三）情景 3:两险合并情况下职工基本医疗保险基金收支及结余情况预测

在两险合并实施的情况下,泰州市 2018—2033 年两险合并实施后新的职工基本医疗保险的统筹基金累计结余呈现"一点两段"的特征:"一点"是累计结余的"峰点",该峰点出现在 2026 年,在此"峰点"之前该值逐渐上升,但在此"峰点"之后逐渐下降,直到 2032 年达到最低,且在 2033 年不再具有备付能力。如表 7-3 所示,泰州市两险合并实施后新的职工基本医疗保险的当期统筹基金结余将在 2026 年出现赤字,此时统筹基金备付能力为12.31 个月。

表 7-3　两险合并情况下职工基本医疗保险基金收支及结余预测

年份	当期统筹基金总收入/万元	当期统筹基金总支出/万元	当期统筹基金结余/万元	统筹基金累计结余/万元	备付能力/月
2018	431 319	353 080	78 239	696 009	23.66
2019	495 812	416 231	79 581	794 970	22.92
2020	569 950	490 733	79 217	896 286	21.92

（续表）

年份	当期统筹基金总收入/万元	当期统筹基金总支出/万元	当期统筹基金结余/万元	统筹基金累计结余/万元	备付能力/月
2021	655 178	578 641	76 537	997 701	20.69
2022	753 153	682 379	70 774	1096 124	19.28
2023	865 784	804 818	60 966	1 187 416	17.70
2024	995 263	949 348	45 915	1 266 123	16.00
2025	1 144 110	1 119 981	24 130	1 325 144	14.20
2026	1 315 225	1 321 462	—6 237	1 355 329	12.31
2027	1 511 938	1 559 406	—47 468	1 344 990	10.35
2028	1 738 081	1 840 456	—102 375	1 279 295	8.34
2029	1 998 057	2 172 476	—174 419	1 139 533	6.29
2030	2 296 929	2 564 774	—267 845	902 222	4.22
2031	2 640 518	3 028 373	—387 855	538 014	2.13
2032	3 035 516	3 576 327	—540 811	10 376	0.03
2033	3 489 617	4 224 100	—734 483	—726 025	—

（四）情景 4：仅将生育医疗费用并入职工基本医疗保险的基金收支及结余情况预测

在仅将生育医疗费用与职工基本医疗保险合并的情况下，2018—2033年当期统筹基金收入和支出都呈现逐步上升的态势，因此在预测年限内统筹基金累计结余都具有备付能力。如表 7-4 所示，泰州市当期统筹基金总收入由 2018 年的 431 319 万元提高到 2033 年的 3 489 617 万元，15 年内将增长 7.09 倍；当期统筹基金总支出由 2018 年的 326 956 万元提高到 2033 年的 3 744 441 万元，15 年内将增长 10.45 倍；统筹基金累计结余的备付月数在 2018—2033 年由 26.51 个月降至 7.01 个月。

表 7-4　仅生育医疗费用并入职工基本医疗保险的基金收支及结余预测

年份	当期统筹基金总收入/万元	当期统筹基金总支出/万元	当期统筹基金结余/万元	统筹基金累计结余/万元	备付能力/月
2018	431 319	326 956	104 363	722 212	26.51
2019	495 812	384 513	111 299	853 705	26.64
2020	569 950	452 225	117 726	995 261	26.41
2021	655 178	531 887	123 291	1 146 291	25.86

（续表）

年份	当期统筹基金总收入/万元	当期统筹基金总支出/万元	当期统筹基金结余/万元	统筹基金累计结余/万元	备付能力/月
2022	753 153	625 615	127 538	1 305 735	25.05
2023	865 784	735 899	129 885	1 471 918	24.00
2024	995 263	865 673	129 590	1 642 374	22.77
2025	1 144 110	1 018 390	125 721	1 813 637	21.37
2026	1 315 225	1 198 119	117 106	1 980 970	19.84
2027	1 511 938	1 409 654	102 285	2 138 038	18.20
2028	1 738 081	1 658 639	79 442	2 276 514	16.47
2029	1 998 057	1 951 729	46 328	2 385 585	14.67
2030	2 296 929	2 296 762	167	2 451 356	12.81
2031	2 640 518	2 702 976	−62 458	2 456 123	10.90
2032	3 035 516	3 181 258	−145 741	2 377 488	8.97
2033	3 489 617	3 744 441	−254 824	2 187 281	7.01

三、结果分析与讨论

本研究根据表 7-1 至 7-4 绘制出四种情景下当期统筹基金结余对比图和备付能力对比图，以便更直观地观察不同情景下统筹基金可持续的变化情况（详见图 7-2、图 7-3）。

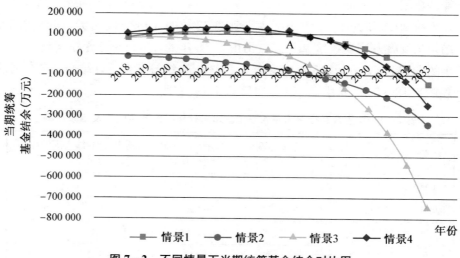

图 7-2　不同情景下当期统筹基金结余对比图

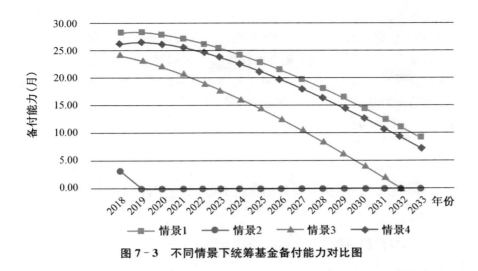

图 7 - 3 不同情景下统筹基金备付能力对比图

由图 7 - 2 可以直观地看出,2018—2033 年,情景 1 中职工基本医疗保险统筹基金结余和情景 4 中仅将生育医疗费用与职工基本医疗保险合并后的统筹基金结余均具有先缓慢上升后下降的趋势,情景 2 生育保险基金一直处于赤字状态,而情景 3 中新的职工基本医疗保险的当期统筹基金结余逐渐减少,且在 A 点即 2026 年发生赤字。

由图 7 - 3 可以明显地看出,2018—2033 年基金的备付能力在不同情景下均有明显的下降趋势。情景 1 的备付能力大于其他 3 个情景,情景 2 在 2019 年已不具有备付能力,情景 3 的备付能力可持续至 2032 年,2033 年不再具有备付能力。

将两险未合并情况下泰州市职工基本医疗保险、生育保险基金收支及结余情况预测,两险合并实施后新的职工基本医疗保险统筹基金收支及结余情况预测,以及仅将生育医疗费用并入职工基本医疗保险统筹基金后形成的新的职工基本医疗保险的统筹基金收支及结余情况预测进行对比分析,可以得出以下结论:

第一,在两险未合并实施的情况下,未来 15 年职工基本医疗保险不存在赤字风险,但生育保险当期赤字更加严重,直至不具有备付能力。

第二,两险合并实施之后,生育保险基金赤字问题将得到有效缓解,但在 2033 年也将不具有备付能力。

第三,在两险合并实施的情况下,新的职工基本医疗保险统筹基金将由持续稳定运行转变为在 2026 年当期统筹基金发生赤字,预测年限内备付能力可维持至 2032 年,且备付能力整体处于下降趋势,故两险合并实施政策对职工基本医疗保险基金有一定的冲击。

第四,仅将生育保险中生育医疗费用这部分参考历年生育医疗支出占生育基金支出比例并入职工基本医疗保险的统筹基金中时,虽会对职工基本医疗保险统筹基金产生冲击,但相较将生育保险基金完全并入职工基本医疗保险统筹基金要小许多,在预测年限内具有备付能力,且备付能力趋于稳定。

第三节　国家层面两险合并的基金可持续性分析

一、人口模型预测

虽然适用于人口预测的模型较多但也存在差异。按其功能特点,有适用范围的不同;按其所具有的技术特点,有繁简程度的差异;按其所具有的数理性质,又有所依托的数理本原上的区分。现阶段众多学者采用凯菲茨矩阵方程模型、Malthus 和 Logistic 人口预测模型,以及 Leslie 模型。由于本书接下来会对总和生育率进行测算,因此宜采用 Leslie 模型来预测国家不同年龄、性别的人口。

本书对 2018—2033 年人口变化情况进行预测,由于预测时间较短,"全面二孩"政策的实施目前只会影响新生儿人数以及生育保险待遇享受人数,而对青壮年和中老年人群没有影响。因此,本书使用 Leslie 模型,先求出 2017 年的总和生育率,再根据专家测算的"全面二孩"政策后的总和生育率 1.8 来模拟生育保险待遇享受人数。

通过上述对模型的设定,我们可以得出,利用 Leslie 模型对未来人口进行测算,主要变量为年龄别生育率。变量参数主要选自《中国人口和就业统计年鉴 2017》。

对于总和生育率的选取,笔者根据统计年鉴数据和计生委专家的解读,通过综合计算得出 2017 年我国的总和生育率(B)为 1.58(见式 7-13)。考虑到 2018 年以后是"全面二孩"政策的高峰期,故本书假定 2018 年以后我国的总和生育率在 1.8 左右。在式 7-13 中,b_i 为女性生育率,i 是女性人口年龄。在此基础上,根据"全面二孩"政策实施前生育待遇享受人次可求得政策实施后生育待遇享受人次。

$$B = \sum_{i=15}^{i=49} b_i = 1.58 \qquad (式 7-13)$$

二、基金收入模型构建

$$(TI)_t = N_t \times \overline{w}_t \times [R_t^1 + (R_t^2 \times \varphi)]$$

$$= \left\{ N_t \times \overline{w}_{t_0} \times \prod_{s=t_0}^{t-1} (1+w_r) \times [R_t^1 + (R_t^2 \times \varphi)] \right\}$$

（式 7 - 14）

N_t 指 t 年参保职工人数，$\overline{w}_t$ 指 t 年参保职工缴费基数，R_t^1 和 R_t^2 分别指生育保险单位缴费费率和职工基本医疗保险缴费费率，φ 指职工医疗保险总收入中纳入统筹账户的比例，t_0 为基期年，w_r 指参保职工人均缴费基数增长率。

三、基金支出模型构建

从国家层面考虑，两险合并后统筹基金支出 $(TE)_t$ 主要包括生育待遇支出 $(TEM)_t$ 与疾病医疗费用支出 $(TEP)_t$ 两部分，故统筹基金支出公式可表达为：

$$(TE)_t = (TEM)_t + (TEP)_t$$

$$(TEM)_t = \left[A_t \times \prod_{s=t_0}^{t-1} (1+r_1) \right] \times C_t \times \prod_{s=t_0}^{t-1} (1+r_2) \quad \text{（式 7 - 15）}$$

A_t 指年生育待遇享受人数，r_1 指生育待遇享受人次增长率，C_t 指人均生育待遇支出，r_2 指人均生育待遇支出增长率。

$$(TEP)_t = N_t \times AE_t \times \prod_{s=t_0}^{t-1} (1+r_3) \quad \text{（式 7 - 16）}$$

N_t 指 t 年参保职工的人数，AE_t 指职工基本医疗保险人均统筹基金支出，r_3 指职工基本医疗保险统筹基金支出年增长率。

$$(TE)_t = (TEM)_t + (TEP)_t$$

$$= \left[A_t \times \prod_{s=t_0}^{t-1} (1+r_1) \right] \times C_t \times \prod_{s=t_0}^{t-1} (1+r_2) +$$

$$N_t \times AE_t \times \prod_{s=t_0}^{t-1} (1+r_3) \quad \text{（式 7 - 17）}$$

四、基金结余模型构建

（一）基金当期结余模型构建

$$M_t = (TI)_t - (TE)_t \quad \text{（式 7 - 18）}$$

当 $M_t>0$ 时,当期统筹基金存在结余;当 $M_t<0$ 时,当期统筹基金出现赤字,将使用累计基金维持基金平稳运行。

(二)基金累计结余模型构建

统筹基金累计结余是由历年的统筹基金结余和利息收入等增值部分构成,故统筹基金累计结余公式可表达为:

$$P_t=P_{t-1}\times(1+f_1)+M_t\times(1+f_2) \qquad (式7-19)$$

在式 7-19 中,P_t 表示全国 t 年的统筹基金结余,f_1 表示上年基金结余的平均收益率,f_2 表示当期基金结余的平均收益率。

五、相关参数测算

(一)缴费基数增长率

由于全国各地职工收入基本均为当地职工月平均工资的 60%—300%,且受数据获取的限制,本书选取全国平均工资作为年平均缴费基数。根据《中国统计年鉴 2018》可知,全国 2009—2017 年城镇单位就业人员平均工资由 2.47 万元增长到 7.43 万元。通过 GM(1,1)灰色预测模型可模拟出 2018—2033 年的缴费基数平均增长率为 10.16%,进而求得 2018—2033 年缴费基数(详见表 7-5)。

(二)实际缴费率

目前全国各地用人单位医疗保险缴费率略有不同,但均在 6% 左右浮动,故本书将 6% 作为全国用人单位医疗保险实际缴费率。目前我国生育保险缴费率基本在 0.6%—0.8% 之间浮动,故本书选取 0.7% 作为单位生育保险缴费率。

(三)划入统筹基金比例

单位缴纳的职工基本医疗保险按照不同职工年龄划入个人账户的比例不同,占比为 55.29%—67.06%,故本书对范围取平均值,假设划入统筹基金的比例为 62%。

(四)生育保险并入职工基本医疗保险比例

根据全国 2009—2017 年生育保险中医疗费用所占比例,在进行线性分析后得出 2016 年之后生育医疗费用支出占比将趋于 36%,故将生育医疗并入职工基本医疗保险的比例设定为 36%。

(五)职工医疗保险统筹基金支出增长率

根据《中国统计年鉴 2018》,2009—2017 年我国城镇职工医疗保险基金支出由 2 797 亿元增长至 9 298 亿元,进而求得每年的支出增长率,得出综合增长率为 16.7%。

(六) 基金结余收益率

考虑到基金的保值增值和稳健运行,本书将 2017 年中国银行活期存款利率 0.30% 作为当期基金结余收益率,并将基金累计结余的收益率设定为 2017 年中国银行的整存整取五年期的年利率 2.75%。

(七) 人均生育待遇补贴

由于现行的生育保险保障较为完善,补贴的项目全面而且较为复杂,医院等级不同报销金额也不同,补贴也因城市的不同而不同。因此,本书基于 2009—2017 年人均生育待遇补贴,通过 GM(1,1) 灰色预测模型预测 2018—2033 年的人均生育待遇补贴增长率为 2.93%,进而求得人均生育待遇补贴费用,具体如表 7-5 所示。

表 7-5　2018—2033 年缴费基数及生育人均待遇补贴　　单位:元

年份	年均缴费基数	生育人均待遇补贴
2018	75 211.42	6 672.41
2019	84 192.60	6 867.88
2020	94 246.24	7 069.08
2021	105 500.41	7 276.18
2022	118 098.46	7 489.34
2023	132 200.88	7 708.75
2024	147 987.31	7 934.59
2025	165 658.83	8 167.04
2026	185 440.54	8 406.30
2027	207 584.44	8 652.57
2028	232 372.59	8 906.06
2029	260 120.76	9 166.97
2030	291 182.40	9 435.52
2031	325 953.19	9 711.95
2032	364 876.03	9 996.47
2033	408 446.75	10 289.32

（八）生育待遇享受人数

基于 2009—2017 年生育保险待遇享受人数，根据 GM（1,1）灰色预测模型可得出两险合并前 2018—2033 年生育保险待遇享受人数平均增长率为 24.93%。两险合并后，参保医疗保险的职工人数等于参保生育保险的职工人数，进而生育保险的参保人数及待遇享受人数均随之增加，由于"全面二孩"政策的实施，我国的总和生育率会有所提高，本书按照 1.8 的总和生育率来预测 2018—2033 年生育待遇享受人数，具体如表 7-6 所示。

表 7-6　生育待遇享受人数　　　　　　　　　　　　　单位:万人

年份	两险合并前	两险合并后
2018	1 588.53	2 413.20
2019	1 984.49	2 942.92
2020	2 479.14	3 588.91
2021	3 097.08	4 376.70
2022	3 869.06	5 337.42
2023	4 833.45	6 509.02
2024	6 038.23	7 937.79
2025	7 543.32	9 680.19
2026	9 423.55	11 805.06
2027	11 772.46	14 396.36
2028	14 706.84	17 556.46
2029	18 372.65	21 410.22
2030	22 952.20	26 109.91
2031	28 673.23	31 841.22
2032	35 820.29	38 830.58
2033	44 748.81	47 354.17

六、基金测算结果

（一）情景 1:两险未合并情况下职工基本医疗保险基金收支及结余情况预测

从表 7-7 可见,2018—2033 年全国职工基本医疗保险的当期统筹基金收入和支出均呈现逐步上升的趋势,预测年限内统筹基金累计结余均具有备付能力。全国职工基本医疗保险的当期统筹基金总收入由 2018 年的 86 675 539 万元提高到 2033 年的 726 985 623 万元,15 年内将增长 7.39 倍;当期统筹基金总支出由 2018 年的 67 393 202 万元提高到 2033 年的 683 585 853 万元,15 年内将增长 9.14 倍;统筹基金累计结余的备付月数在 2018—2033 年由 21.19 个月降至 14.37 个月。

表 7-7　两险未合并情况下职工基本医疗保险基金收支及结余预测

年份	当期统筹基金总收入/万元	当期统筹基金总支出/万元	当期统筹基金结余/万元	统筹基金累计结余/万元	备付能力/月
2018	86 675 539	67 393 202	19 282 337	118 997 409	21.19
2019	99 878 460	78 649 244	21 229 215	143 562 741	21.90
2020	115 092 526	91 785 276	23 307 250	170 887 888	22.34
2021	132 624 087	107 115 294	25 508 792	201 172 624	22.54
2022	152 826 156	125 005 739	27 820 418	234 608 750	22.52
2023	176 105 523	145 884 253	30 221 270	271 372 424	22.32
2024	202 930 937	170 249 906	32 681 031	311 614 240	21.96
2025	233 842 554	198 685 121	35 157 432	355 446 536	21.47
2026	269 462 807	231 869 599	37 593 208	402 927 304	20.85
2027	310 508 944	270 596 563	39 912 381	454 039 923	20.14
2028	357 807 466	315 791 722	42 015 745	508 667 813	19.33
2029	412 310 774	368 535 396	43 775 378	566 562 882	18.45
2030	475 116 342	430 088 342	45 027 999	627 306 445	17.50
2031	547 488 817	501 921 889	45 566 928	690 261 001	16.50
2032	630 885 488	585 753 108	45 132 380	754 510 956	15.46
2033	726 985 623	683 585 853	43 399 770	818 789 976	14.37

（二）情景 2:两险未合并情况下生育保险基金收支及结余情况预测

全国生育保险基金早在 2016 年时当期基金结余就已赤字,本研究假设在生育政策调整(2016 年全面放开的"二孩"政策)且不进行两险合并实施试点的情况下,全国生育保险基金在 2018—2033 年收支及结余预测如表 7-8 所示。预测结果显示,全国生育保险基金在未来依旧持续面临着赤字。在 2018 年基金累计结余的备付月数仅为 3.67 个月,在 2019 年完全失去了可支付能力,累计结余赤字达 807 028 万元,生育保险基金不能维持运行。

表7-8 两险未合并情况下生育保险基金收支及结余预测

年份	当期基金总收入/万元	当期基金总支出/万元	当期基金结余/万元	累计结余/万元	备付能力/月
2018	8 052 196	10 599 325	−2 547 129	3 240 329	3.67
2019	9 505 123	13 629 216	−4 124 094	−807 028	—
2020	11 220 214	17 525 223	−6 305 009	−7 153 145	—
2021	13 244 774	22 534 931	−9 290 157	−16 667 884	—
2022	15 634 643	28 976 699	−13 342 056	−30 508 333	—
2023	18 455 736	37 259 891	−18 804 155	−50 207 879	—
2024	21 785 864	47 910 891	−26 125 027	−77 791 999	—
2025	25 716 875	61 606 555	−35 889 680	−115 928 627	—
2026	30 357 192	79 217 219	−48 860 027	−168 123 272	—
2027	35 834 802	101 862 016	−66 027 214	−238 971 957	—
2028	42 300 785	130 979 986	−88 679 201	−334 488 925	—
2029	49 933 480	168 421 532	−118 488 052	−462 530 886	—
2030	58 943 408	216 566 005	−157 622 597	−633 345 950	—
2031	69 579 076	278 472 913	−208 893 837	−860 283 482	—
2032	82 133 828	358 076 344	−275 942 515	−1 160 711 621	—
2033	96 953 943	460 434 973	−363 481 029	−1 557 202 663	—

（三）情景3：两险合并情况下职工基本医疗保险基金收支及结余情况预测

在两险合并实施的情况下，全国2018—2033年两险合并实施后新的职工基本医疗保险的统筹基金累计结余呈现"一点三段"的特征："一点"是累计结余的"峰点"，该峰点出现在2027年，在此"峰点"之前该值逐渐上升，但在此"峰点"之后逐渐下降，直到2031年达到最低，此后2032—2033年累计结余呈赤字状态。如表7-9所示，全国两险合并实施后新的职工基本医疗保险的当期统筹基金结余将在2027年出现赤字，此时统筹基金备付能力为10.39个月。

表 7-9　两险合并情况下职工基本医疗保险基金收支及结余预测

年份	当期统筹基金总收入/万元	当期统筹基金总支出/万元	当期统筹基金结余/万元	统筹基金累计结余/万元	备付能力/月
2018	98 907 974	79 185 963	19 722 011	125 233 502	18.98
2019	113 974 210	93 401 265	20 572 946	149 312 088	19.18
2020	131 335 423	110 239 148	21 096 275	174 577 734	19.00
2021	151 341 196	130 199 955	21 141 240	200 583 286	18.49
2022	174 394 364	153 883 233	20 511 131	226 671 991	17.68
2023	200 959 125	182 008 225	18 950 899	251 913 223	16.61
2024	231 570 384	215 438 778	16 131 605	275 020 836	15.32
2025	266 844 527	255 213 627	11 630 900	294 249 702	13.84
2026	307 491 832	302 583 290	4 908 542	307 264 836	12.19
2027	354 330 771	359 055 050	−4 724 280	310 976 167	10.39
2028	408 304 488	426 447 860	−18 143 372	301 330 209	8.48
2029	470 499 795	506 959 434	−36 459 639	273 047 772	6.46
2030	542 169 051	603 248 317	−61 079 266	219 294 082	4.36
2031	624 755 384	718 534 390	−93 779 006	131 264 326	2.19
2032	719 921 746	856 722 050	−136 800 304	−2 336 610	—
2033	829 584 400	1 022 551 369	−192 966 969	−195 946 736	—

（四）情景 4：仅将生育医疗费用并入职工基本医疗保险的基金收支及结余情况预测

　　在仅将生育医疗费用与职工基本医疗保险合并的情况下，2018—2033年当期统筹基金收入和支出都呈现逐步上升的态势，因此预测在年限内统筹基金累计结余都具有备付能力。全国当期统筹基金总收入由 2018 年的 98 907 974 万元提高到 2033 年的 829 584 400 万元，15 年内将增长 7.39倍；当期统筹基金总支出由 2018 年的 71 638 596 万元提高到 2033 年的 805 613 439 万元，15 年内将增长 10.25 倍；统筹基金累计结余的备付月数在 2018—2022 年一直上升，并在 2022 年达到峰值 25.85 个月，2023—2033年持续下降至 14.45 个月，具体如表 7-10 所示。

表 7-10　仅生育医疗并入职工基本医疗保险的基金收支及结余预测

年份	当期统筹基金 总收入/万元	当期统筹基金 总支出/万元	当期统筹基金 结余/万元	统筹基金累计 结余/万元	备付能力/ 月
2018	98 907 974	71 638 596	27 269 378	132 803 512	22.25
2019	113 974 210	83 959 972	30 014 239	166 559 889	23.81
2020	131 335 423	98 428 670	32 906 752	204 145 759	24.89
2021	151 341 196	115 425 772	35 915 424	245 782 937	25.55
2022	174 394 364	135 401 636	38 992 728	291 651 674	25.85
2023	200 959 125	158 888 883	42 070 242	341 868 547	25.82
2024	231 570 384	186 517 900	45 052 484	396 457 573	25.51
2025	266 844 527	219 035 383	47 809 144	455 312 728	24.94
2026	307 491 832	257 326 528	50 165 304	518 149 628	24.16
2027	354 330 771	302 441 618	51 889 152	584 443 563	23.19
2028	408 304 488	355 627 931	52 676 556	653 350 347	22.05
2029	470 499 795	418 368 049	52 131 745	723 605 622	20.76
2030	542 169 051	492 425 933	49 743 118	793 397 124	19.33
2031	624 755 384	579 902 390	44 852 995	860 203 098	17.80
2032	719 921 746	683 301 927	36 619 819	920 588 362	16.17
2033	829 584 400	805 613 439	23 970 961	969 947 416	14.45

七、结果分析与讨论

本书根据表 7-7 至 7-10 绘制出四种情景下当期统筹基金结余对比图和备付能力对比图,以便更直观地观察不同情景下统筹基金可持续的变化情况(详见图 7-4、图 7-5)。

由图 7-4 可以直观地看出,2018—2033 年,情景 1 中职工基本医疗保险统筹基金结余具有缓慢上升趋势,生育保险基金一直处于赤字状态;而情景 3 中新的职工基本医疗保险的当期统筹基金结余逐渐减少,并在 2027 年发生赤字。在情景 4 中,当期统筹基金结余的曲线先呈缓慢上升趋势,在 2028 年后呈下降趋势,但在预测期内当期统筹基金仍有结余,具有备付能力。

由图 7-5 可以明显地看出,2018—2033 年不同情景下统筹基金备付能力具有三个明显的时间节点,分别是图中 A、B 和 C 点,即 2018 年、2032

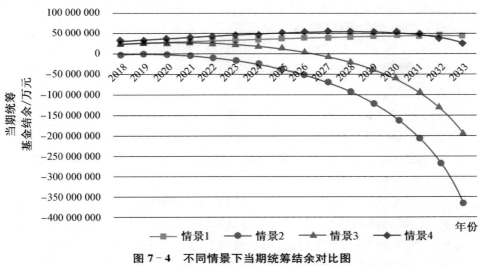

图 7-4　不同情景下当期统筹结余对比图

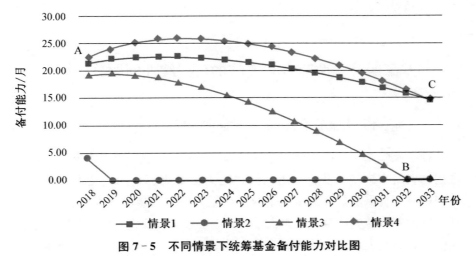

图 7-5　不同情景下统筹基金备付能力对比图

年和 2033 年。2018—2033 年,情景 1 中统筹基金备付能力低于情景 4,情景 3 中统筹基金备付能力在 2018—2033 年一直呈下降趋势,且在 B 点达到赤字状态。

将两险未合并情况下全国职工基本医疗保险、生育保险基金收支及结余情况预测,两险合并实施后新的职工基本医疗保险统筹基金收支及结余情况预测,以及仅将生育医疗费用并入职工基本医疗保险统筹基金后形成的新的职工基本医疗保险的统筹基金收支及结余情况预测进行对比分析,可以得出以下结论:

第一，在两险未合并实施的情况下，未来 15 年职工基本医疗保险不存在赤字风险，但生育保险当期赤字更加严重，直至不具有备付能力。

第二，"全面二孩"政策实施后，生育保险赤字问题更加严重，两险合并实施之后生育保险基金赤字问题有所缓解，但仍然存在，并在 2032 年不具有备付能力。

第三，在两险合并实施的情况下，新的职工基本医疗保险统筹基金将由持续稳定运行转变为在 2027 年当期统筹基金发生赤字，并在 2032 年不具有备付能力，在"全面二孩"政策实施后，两险合并实施政策对职工基本医疗保险基金有很大的冲击。

第四，仅将生育保险中生育医疗费用这部分参考历年生育医疗支出占生育基金支出比例并入职工基本医疗保险的统筹基金中时，虽会对职工基本医疗保险统筹基金产生冲击，但相较将生育保险基金完全并入职工基本医疗保险统筹基金要小许多，在预测年限内具有备付能力，但备付能力呈逐渐下降趋势。

第四节　两险合并实施的可持续性问题分析

一、两险合并实施的基金可持续性问题分析

社会保险基金平衡主要依靠充足、稳定的社会保险费用收入与合理范围内的费用来维持。基金支出的给付能力由筹集资金的数量大小直接决定，其中，社会保险基金的主要来源是从用人单位和参保个人征收的保费，社会保险基金池的体量大小则由缴费费率的设定来决定，换句话说，决定社会保险基金收入水平的关键因素其实是缴费费率。生育保险与医疗保险整合后的基金平衡情景与整合前存在很大的不同，整合前影响生育保险和医疗保险的支出因素在整合后依然会对基金支出产生影响，试点方案提出的原缴费费率相加取值的做法无法很好地适应全国各地生育保险与医疗保险差异化运行的状况。

生育保险与医疗保险整合后主要会产生两个问题：一是整合后的基金可能存在过多结余；二是"全面二孩"政策可能会导致基金出现长期赤字。基金结余过多就违背了社会保险的建立初衷，容易导致民众产生不满的情绪；而基金长期赤字则难以保持社会保险的继续运行。因此，需要对两项保险整合后的缴费费率进行精算分析。

二、两险合并实施的运行管理可持续性问题分析

两险合并实施中运行管理是保障两项保险待遇水平的关键环节。合并实施不是简单地将生育保险并入医疗保险,而是在保留各自制度功能的前提下,按照新的发展理念,通过制度政策衔接、整合资源,强化基金共济能力,提升管理综合效能,降低管理运行成本,实现一体化运行管理服务。

运营管理不到位也会影响两险合并实施的可持续发展。要积极探索建立更具协调、灵活、高效的运行机制,包括参保扩面机制、待遇保障机制、基金管理机制、医疗服务激励约束机制、统一经办管理机制。要按照两项保险的制度要求和运行管理的客观规律,统一参保登记,进一步扩大生育保险覆盖人群,更好地发挥生育保险的保障功能;统一基金征缴和管理,确保基金征缴到位、监管到位、支出管理到位,杜绝"跑冒滴漏";统一医疗服务管理,借鉴医疗保险管理措施和平台,规范生育医疗服务行为;统一经办和信息服务,提升社保经办服务水平,确保经办业务不中断,参保群众更便捷,社保信息更完全;确保职工生育期间的生育保险待遇不变。同时,要妥善处理好合并实施的制度和政策衔接。

从试点地区的反映看,两险合并实施后,协议生育医疗机构和医保买单项目都将有所增加,受益人的选择将更加多样,报销手续与流程将得以简化,其办事效率与满意度都将得到大幅度提升。

第八章　两险合并实施的优化路径和策略

第一节　两险合并实施的优化原则

　　任何制度的平稳运行和可持续发展都离不开一定的原则支撑,两险合并实施的优化需要遵循一定的原则才能更好地保障政策实施效果,减少不必要的政策损失和制度障碍,推动各项工作的顺利开展。根据广泛的理论研究和政策运作的具体实际,本书提出的两险合并实施的优化原则主要包含以下内容:

　　第一,遵循"公平与效率相结合"的根本原则。两险合并实施的根本目的是建成更高质量的社会保障服务体系,使更多的人共享国家改革发展的成果,推动社会公平。所以,两险合并实施必须长期坚持公平的原则。两险合并实施的公平原则主要是指两险合并实施政策的覆盖人群不仅要包括在职的正规就业的城镇职工群体,也要包括灵活就业人员、失业人员、退休人员等群体,甚至包括非职工群体,即建成覆盖城镇职工和城镇居民等所有人群的统一的两险合并实施的保险制度,切实增强人民群众参与社会保障制度的认同感和幸福感。两险合并实施试点工作的指导思想包含"统一管理,降低成本"的重要内容,即简化两险的工作流程,提升两险的经办管理效率,用较少的社会投入产生较强的社会效能,而两险合并实施试点工作核心内容中的"四统一"也是为提升两险合并实施的效率服务,这些重要的制度安排都强调两险合并实施工作要重视效率原则。在两险合并实施的制度建设过程中,公平和效率并不是非此即彼的单一选择,而是二者兼顾的共同发展,二者呈现明显的正相关关系,具有互助互促作用。公平和效率相结合,这不仅是社会保障制度建设的总体要求,也是两险合并实施制度建设的重要价值理念。

　　第二,坚持"权责统一,多方共担"的基本原则。我国的生育保险制度长期以国家责任制和企业责任制为主,个人不缴费,这与权利和义务统一原则相背离,在加重国家和企业社会保险缴费负担的同时,可能造成生育保险不必要的浪费,个人缺乏节约生育保险基金的意识和动机。生育是关乎人类文明演进的重大社会问题,生育保险具有准公共产品属性,需要国家和社会给予扶持;但是生育也具有个人属性,需要个人承担一定的责任。随着生育保险的制度发展,生育保险待遇水平刚性增长,"全面二孩"政策带来生育需求集中释放,生育保险基金的支付压力日渐增大,基于国家的财政支出规模有限,企业长期的社会保险负担沉重的基本现实,两险合并实施的过程中要强调"权责统一,多方共担"的基本原则,重视个人的生育保险责任和缴费义务,为生育保险制度的可持续发展注入新的生机和活力。强化个人的生育保险责任并不绝对意味着个人负担的加重,个人缴费的生育保障制度可以激发个人节约生育保险基金的行为,推动生育保险基金的最优化配置,形成良好的社会效益,从而反哺个人的生育福利待遇的提升,弥补个人因未参保缴费造成的福利损失。

第三,贯彻"立法先行"的首要原则。立法先行是国内外构建社会保险制度的通行做法,法律制度的建立和完善是制度发展的重要支撑和有效依据,可以大幅增强制度建设工作的可操作性和可执行性。由于缺乏独立建设生育保险制度的有益经验,我国的生育保险制度建设在很长时间内一直处于立法盲区,虽然生育保险制度建设一直处于自我探索、自我修正的阶段,但是生育保险的立法存在长期的空白,迄今为止仍旧缺乏国家层面的独立生育保险法规,生育保险法的发展巅峰尚停留在《社会保险法》中关于生育保险制度建设内容的相关法律条文解释。因为生育保险的法律支撑较为薄弱,造成的制度碎片化和区域差异化明显,削弱了生育保险制度建设的政策强制力和执行力,导致我国的生育保险制度建设进程较养老保险、医疗保险等其他社会保险制度建设较为缓慢。生育保险发展不足的历史教训,以及现阶段国家在开展两险合并实施的试点和全国推广工作过程中及时修改《社会保险法》中的有关法律条文以适应试点工作安排的针对性举措,充分显示出立法先行的重要性和紧迫性。两险合并实施工作开展过程中要充分认识到相关立法对于两险合并工作的重要意义,未来两险合并工作的开展仍要加强政策的顶层设计,继续贯彻"立法先行"的重要原则,规范相关工作内容和制度安排,保障制度建设的平稳运行和可持续发展。

第四,坚持"底线思维"的重要原则。两险合并实施的总体思路中包含"保留险种,保障待遇"的重要思想,主要工作内容之一为"职工生育期间生育保险待遇不变",二者都强调两险合并实施要坚持底线思维原则,即两险合并实施要保障生育保险的底线,既要保障生育保险险种的独立性,又要保障生育保险待遇水平不降低,这是两险合并实施工作开展的重要基点和应该长期坚持的重要思想。生育保险作为一项独立的险种,与医疗保险等其他保险共同构成我国的基本社会保障体系,是其他工作安排的重要前提,对两险合并实施工作具有重要意义。

第二节　两险合并实施的优化路径

当前我国的生育保险整体面临着软预算约束(何盛明,1990)。软预算约束是指当一个经济组织遇到财务上的困难时,通过接受外部组织的救助得以继续生存的一种经济现象,在筹资领域软预算约束是普遍存在的问题。完善生育保障体系对于缓解人口老龄化、提高生育率起着重要作用,是我国社会保障体系建设的重要板块,事关整个社会的可持续发展,如何解决生育保险可能面临的赤字情况,缓解生育保险的财务困境,减少两险合并实施之后对职工基本医疗保险统筹基金的冲击已成为亟须解决的问题。

两险合并实施不是简单地合二为一,而是在保留两险各自职能和定位的基础上进行部分整合,整合的重要基础就是两险存在明显的业务交叉,尤其是医疗费用方面的业务重复。依据试点城市的实际运行情况和前文精算模型的预测结果,本书认为可以参考历年生育医疗费用支出与生育津贴支出占生育基金支出的比例对其进行拆分,仅将生育医疗费用这部分并入职工基本医疗保险的统筹基金中,在理论和现实上均具有可行性。理论界在研究生育保险的可持续发展与两险合并发展路径的过程中,对将生育保险的生育医疗待遇融入医疗保险统筹基金达成广泛共识,因为生育医疗待遇与医疗保险的医疗服务项目存在一定重叠,且施行的定点医疗机构管理也高度重合,具有两险医疗待遇融合的可行性。将生育医疗费用并入职工基本医疗保险的统筹基金,在释放社会保险经办机构的生育医疗业务压力的同时,对于医疗保险的业务经办不会产生过多负担,具有两险医疗待遇融合现实的可能性。

拆分后的生育津贴这部分将何去何从?基于国际生育保障趋势和我国生育保障制度建设的现实需求考虑,本书认为可以实行"生育津贴+计划生育奖励扶助"的政策。

一方面,国际劳工组织于2017年11月29日发布《2017—2019年世界社会保障报告——全民社保以实现可持续发展目标》,在被统计的170多个国家中,只有极少数的国家建立了独立的生育保险制度,大多数国家的生育保险待遇都被包含在医疗保险中,并没有进行单独的立法,并且还建有不同的生育奖励制度。如日本长期具有较低的生育率,为了缓解本国人口老龄化趋势、提高生育率、改善人口结构,日本政府给所有生育孩子的家庭提供一次性奖励 42 万日元的"生育金";伊朗政府则为每名新生儿在国有银行都设立了一个账户,账户内存有 950 美元,且政府每年会拨入 5 美元直至孩子长到 18 岁,孩子从 20 岁开始可以从账户中提取存款,用来解决教育、结婚、健康和住房等费用支出。此外,俄罗斯和德国等国家也分别制定了相应的生育奖励政策。(胡耀岭,2018)

另一方面,我国的生育保障制度长期与计划生育国策紧密关联,近年来,我国在部分地区开展更为适宜的生育保障制度的实际摸索,广大学者对实行计划生育奖励扶助政策的研究也越来越多。例如在《辽宁省人民政府关于印发辽宁省人口发展规划(2016—2030 年)的通知》(辽政发〔2018〕20号)中,提出探索建立和完善针对生育二孩家庭的福利政策,减轻这些家庭生养子女的负担等,建立和完善生育支持、幼儿养育等"全面二孩"配套政策;胡耀岭(2018)通过测算不同方案下的奖励扶助资金总量需求及其结构变动情况,认为可以把二孩家庭设为奖励扶助对象,对其一次性发放生育津贴,并且逐年发放 0—3 岁卫生防疫和营养补助、4—6 岁营养补助和幼儿教育补贴;陈宁(2017)结合"全面二孩"政策调整提出计划生育利益导向应当坚持"老人"老办法,增设"新人"(政策调整后正当生育选择期的群众)生育奖励计划,强化计生家庭福利保障和风险补偿政策为基本走向的改革建议。生育津贴不属于两险的业务交叉范围,主要用于弥补个人因为生育造成的经济损失,与医疗保险无关,不能完全由医疗保险共担风险,需要进行自主筹资支付。

基于国外部分国家的相关政策和国内学者的探究,本书认为将生育保险按比例拆分后,生育医疗费用并入职工基本医疗保险,生育津贴与计划生育奖励扶助组合,并利用历年来所累积的社会抚养费存量,建立"生育津贴＋计划生育奖励扶助"制度。前者由单位和职工个人缴纳保费,后者由国家、单位和个人共同缴纳保费,按照不同人群分档享受相应的生育津贴和计划生育奖励扶助,其思路如图 8-1 所示。

同时,生育保险的筹资来源主要依生育医疗费用和生育津贴在生育待遇中的具体份额而定。其中,生育医疗费用在生育保险支付中的占比与生育保险的缴费率的乘积加上原有的城镇职工缴费率即为新的城镇职工基本医疗缴费率;生育津贴在生育保险支付中的占比与生育保险缴费率的乘积再乘以科学的调整系数(根据计划生育奖励扶持政策和覆盖人群拓展的综

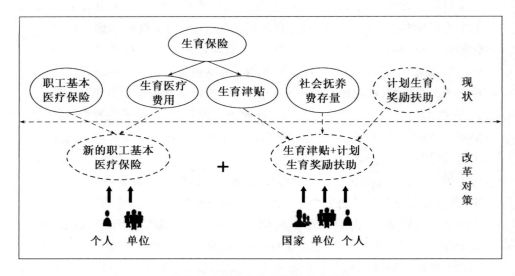

图 8 - 1　两险合并实施优化路径图

合缴费能力等多种相关因素设定)即为新的生育津贴缴费率。

此外,在进行两险合并实施路径探索的过程中要注意以下内容:

第一,有计划地分步实施改革。应该意识到,从现行制度过渡到新制度并不是短时间内可以完成的。基于可行性的角度思考,理想的实施方案应该是有计划地分步实施。首先,将现行生育保险制度拆分为两部分,生育医疗费用部分划入职工基本医疗保险制度,其余部分即生育收入补偿保险则形成生育津贴制度。然后,在条件成熟的情况下,再将面向工薪劳动者的生育津贴制度逐步覆盖到城乡居民,即将新型农村合作医疗制度和城镇居民基本医疗保险制度的覆盖对象也纳入生育津贴的覆盖人群,从而形成覆盖全社会的、城乡一体化的生育津贴制度。

第二,充分重视生育保险制度改革建设的综合社会效应。生育保险制度并非单一独立的政策,其与人口、医疗卫生等领域的政策密切相关,因而要站在加强和改进社会管理的高度,综合分析生育保险制度改革与建设的综合效应。在两险合并过程中,需要进一步梳理生育保险制度的内部关系,重新确立生育保险制度在其中的地位。特别要注意的是,生育津贴制度与人口生育政策应该保持衔接性和协调性,生育医疗费用与基本医疗保险、公共卫生政策应该保持衔接性和协调性。

第三,妥善解决过渡期有关问题。不可避免的是,在制度改革的过渡期内一定会产生新问题,需要妥善处理这些新问题以减少改革阻力。同时要坚持"保基本"原则,充分尊重社会保险刚性原理,确定合理的生育津贴标准和生育医疗保障水平，并保证在两险合并后生育保险待遇不降低。在过渡方案中，要继续保留国家机关事业单位职工生育保险待遇，但应该控制其待遇增长，稳定企业职工生育保险待遇，有计划地提高农民和城镇居民的生育保险待遇。

第三节　两险合并实施的优化策略

一、全领域加强法制建设

我国是社会主义法治国家，长期坚持依法行政，各项规章制度必须在法律框架允许的范围内执行，两险合并实施工作的顺利开展必须依靠法律的支撑和保护。《社会保险法》中有关规定要求，医疗保险基金和生育保险基金需要分别建账与核算。后期，随着两险合并工作推进，中央两次调整有关规定，提出试点城市可以暂时调整适用相关法律安排。

基于上述相关规定要求以及现有实际同理论的差距，应当明确，法制建设是两险合并实施工作顺利开展的必要支撑和重要安排，应当引起各级政府层面的高度重视。目前，我国两险合并实施配套相关法律建设还存在不足，特别是生育保险立法。由于生育保险立法的长期滞后，法规条款相对笼统，政策执行力并未完全发挥出来。因此，两险合并实施法治建设当前的工作重点应当落在完善生育保险相关法律体系上来。

强化生育保险的立法工作，就要提高立法的层次，增强法治规范性，提升生育保险的政策和法律地位，确保生育保险的各项规章制度建设严格遵照法制轨道。在落实到位的同时，拓宽生育保险的相关法律法规的制订和应用，规范生育保险的各项制度建设，提升生育保险的政策和法律地位。此外，积极开展两险合并实施的统筹立法工作。目前两险合并实施工作尚停留在政府工作方案层面，各试点城市根据政策指导文件制定自身的行动方案，行动方案具有明显的区域特征，试点成果具有一定的差距，部分城市的生育保险拓面工作成果不足，相关单位的配合执行力度有待加强。两险合并实施作为一项新的制度安排，在落实相关工作方案的同时需要相关法律的匹配和支持，完善的法律支撑体系可以增强政策的可操作性和制度公平性，提升政策的公信力，减少新政策开展的阻力和不必要的损失。所以，落实法律建设，强化政策效力不仅重要且必要，需要引起政府单位的高度重视，并提前做好相关安排。

二、全要素补齐制度短板

应当看到,生育保险制度建设完善是两险合并工作顺利开展的前提和基础。对于现阶段生育保险制度建设存在的缺失,相关责任主体必须高度重视,不能仅仅依靠两险合并实施来缓冲因生育制度缺失造成的损失,要切实从生育保险制度内部采取多种手段和措施,完善生育保险制度建设,补全现行制度的短板。

首先,要重视和强调生育保险的公平性,关注地区和群体的特殊性,推动制度制定和执行的规范性,努力实现机会公平、过程公平和结果公平,切实保障各类群体平等参与生育保险的权益和平等享受生育保险待遇的权利,积极平衡各地区制度差异,减少因局部福利过高可能引发的福利攀比,持续增强广大参保者对生育保险制度的获得感和认同感。

其次,公平性、特殊性和规范性要求在现有基础上对两险合并实施工作覆盖的主要人群及参保范围予以最优化扩展,需要政府、参保单位和参保者共同履行好各自的相关责任,确保制度的可持续性。目前,两险合并实施工作覆盖的主要人群是城镇职工,12个试点城市中仅有一半的城市提出针对灵活就业人员等特殊人员的相关待遇安排,还有相当一部分特殊群体未享受到相应的政策福利。但无论是灵活就业人员还是失业、退休人员,以及职工未就业家属都对中国社会经济发展做出了一定贡献,是社会保障制度建设不可或缺的主体之一。虽然这类群体的参保存在一定的主观和客观障碍,但是从制度公平性和可持续性等角度分析,他们都应该平等地享受社会保险待遇,都应该平等地参与两险合并制度,都应该被纳入两险合并的参保范围,以确保机会公平。这都需要在全国推广阶段予以妥善安置,做出相应的制度安排。

再次,将上述特殊人群纳入参保范围时要注意几个问题:一是参保门槛的界定,参保门槛不能过高,否则会将相当一部分人群排除在体制之外,要结合缴费能力确立参保门槛;二是要明确政府责任,特殊群体在中国社会经济发展中的重要作用和特殊地位对社会保险制度的政府责任提出了要求,需要政策倾斜和必要的财政投入,确保保险待遇落实;三是制度规范的问题,生育是一种可预期行为,生育保险制度建设需要参保者和用人单位都履行相应的缴费责任才能保障制度的可持续性,对于灵活就业人员等特殊群体的投机参保行为要辅以相应的惩罚手段和措施,保障生育保险资源分配的公平性和最优化配置,保证制度范围内最大多数群体的生育待遇落实和结果公平。

最后，要归并生育保险待遇。按照《江苏省职工生育保险规定》（江苏省人民政府令第 94 号），灵活就业人员发生生育相关行为时只享受生育医疗费用的待遇，且该部分费用由职工基本医疗保险支付，该人群并不涵盖在生育保险所保障的范畴内。两险合并实施后，从全局性的角度分析，灵活就业人员也属于生育保险所保障的人群范围。而《国务院办公厅关于印发生育保险和职工基本医疗保险合并实施试点方案的通知》指出，"两项保险合并实施的统筹地区，不再单列生育保险基金收入，在职工基本医疗保险统筹基金待遇支出中设置生育待遇支出项目"。因此，应该在充分理解文件精神的基础上，进一步归并生育保险待遇。为了更好地了解灵活就业人员的生育医疗支出情况，体现两险合并实施试点后新的职工基本医疗保险对于女性生育的保障功能，建议在职工基本医疗保险统筹基金待遇支出中增设灵活就业人员生育待遇支出项目，从而为下一步医疗保险改革提供参考。同时建议按不同参保人员及其所享受的生育待遇建立生育待遇保障体系，并将灵活就业人员的生育待遇纳入该体系中，在该体系中不同缴费人群享受差别化待遇水平。

三、全方面提高管理服务

两险合并实施的主要工作内容就是在一定程度上整合生育保险和职工基本医疗保险的管理服务功能，简化工作流程，提升工作效率，方便各方的工作和生活。其核心思想就是整合，整合的重要前提就是协调统一。现阶段，我国的生育保险统筹层次较城镇职工医疗保险偏低，仅有一部分城市实现市级统筹，而城镇职工医疗保险普遍实行市级统筹甚至省级统筹，两险的统筹层次不一会阻碍两险合并的工作进程。此外，统筹层次的高低与社会化管理程度具有显著正相关关系，社会化管理程度会随着统筹层次的提高而增强，统筹层次的提高会有效提高信息化程度，增强基金的抗风险能力，同时可以更好地实现制度公平，更好地适应当前国家重点发展的异地就医和异地转诊制度。

推动两险合并的社会化管理水平提升的首要工作是提高生育保险的统筹层次，使其能够与职工基本医疗保险的统筹层次保持一致，减少两险融合的阻碍。同时，切实提高两险合并的保险业务经办管理的水平，打破信息壁垒和工作障碍，真正实现信息共享和资源互通，实现资源利用效率的最大化，避免骗保和重复保障等制度漏洞造成的损失。

四、全过程保障基金稳健运行

(一) 科学测算缴费费率

鉴于全国各地运行实际情况的差异,缴费费率成为决定社会保险基金收入水平的关键因素,为避免过度结余和入不敷出的结果发生,需要对两险整合后的缴费费率进行精算分析。在当前我国经济增速放缓的新常态大背景下,适度降低缴费费率更有助于社会整体良性运转。社会保险基金平衡主要依靠充足、稳定的社会保险费用收入与合理范围内的费用支出来维持。基金支出的给付能力由筹集资金的数量大小直接决定,其中,社会保险基金的主要来源是从用人单位和参保个人征收的保费,社会保险基金池的体量大小则由缴费费率的设定来决定,换句话说,决定社会保险基金收入水平的关键因素其实是缴费费率。生育保险与医疗保险整合后的基金平衡情境与整合前存在很大的不同,整合前影响生育保险和医疗保险的支出因素在整合后依然会对基金支出产生影响,试点方案提出的原缴费费率相加取值的做法无法很好地适应于全国各地生育保险与医疗保险差异化的运行状况。

当前我国经济发展呈现新常态的阶段性特征,用人单位的经营压力较之前有所增加,在这样的经济发展背景下,降低缴费费率是增强企业活力的有益举措,利于在促进经济繁荣的同时增加职工工资总额,继而增加基金收入,从而形成一个良性循环。在"全面二孩"政策背景下,出生人口增多虽然带来了整合后基金支出的增多,但由于基金池体量大幅扩大,加之两险累计结余基金较多,因此在短时间内采取设定低于两险原缴费率相加值的做法不会增加整合后的基金池承受压力。如若基于进一步提高出生人口数量的角度,则可以考虑按照原缴费率取值再增加一些福利待遇的做法,例如增加生育保险享受待遇类型等。

(二) 完善基金统筹制度

在国家允许现阶段市级统筹基金管理存在过渡模式的情况下,各地应以两险合并实施试点为契机,努力实现真正意义上的基金的市级统筹。市级统筹基金管理的最优状态是实现医保基金在全市范围内统收、统管和统支。其核心是提高统筹层次,实现基金在更大范围内的统筹调剂使用,目的是打破原有低层次统筹范围内基金封闭运行、自求平衡的状况,通过扩大基金互助共济和风险分担的范围,增强基金抗风险能力,力求实现基金使用公平性及效率最优的目标。

2009 年,人力资源社会保障部、财政部下发《关于进一步加强基本医疗保险基金管理的指导意见》(人社部发〔2009〕67号),提出"实现市(地)级基金统收统支确有困难的地区,可以先建立市(地)级基金风险调剂制度,再逐步过渡"。实际上,国家允许现阶段市级统筹基金管理存在过渡模式,采取分步走的战略,而不是必须一步到位。目前,泰州市两险合并实施后所形成的新的职工基本医疗保险依然是建立在调剂金制度上的市级统筹,尚未实现真正意义上的基金统支统收。从长远角度来看,调剂金制度上的市级统筹只是一种过渡模式,并不是真正意义上的市级统筹,待条件成熟时需要整合。因此,可以将两险合并实施试点作为契机,实现真正意义上提高新的职工医疗保险基金的统筹层次。

同时,还应丰富生育保险的筹集渠道。明确政府财政、参保单位、参保个人对于生育保险的主体责任,要求职工个人也需缴纳一定数额的生育保险金,为自己的生育权益负责。此外,加快生育保险统筹层次提升的相关工作步伐,将生育保险市级统筹纳入政府规划目标,有条件的地区可以进一步将生育保险统筹层次提升到省级统筹,畅通两险合并实施工作顺利开展的渠道。

(三) 强化费率动态调整

两险合并实施试点后,由于生育保险的覆盖面现已扩大到所有参保职工,根据大数法则,将很大程度上提升基金分担风险的能力,在保持原有保障水平不变的前提下,可以适当调整参保人员的缴费费率。《关于进一步加强基本医疗保险基金管理的指导意见》指出,职工基本医疗保险统筹基金累计结余原则上应控制在6—9个月的平均支付水平,统筹基金累计结余超过15个月平均支付水平的,为结余过多状态;累计结余低于3个月平均支付水平的,为结余不足状态。基于此,建议在确定新的职工基本医疗保险征缴费率时,充分考虑近年来医疗费用的上涨、生育政策的调整以及两项保险的基金运行情况等,利用相关理论建立模型,进行科学测算,确定合理费率。同时,跟踪分析两险合并实施后的基金运行情况,根据基金支出需求,确定新的费率,并建立动态调整机制,防范风险转嫁。

(四) 增强基金抗风险能力

如前所述,不管是科学测算缴费费率、动态调整费率还是完善基金统筹制度,都是从增强合并后的基金运行可持续性角度出发的。基于两险合并实施的现况可知,生育保险与职工基本医疗保险合并实施将同时带来基金结余和基金赤字两方面的问题。具体来说,一方面,两险合并后基金池体量扩大,当然,根据大数法则这会增加两险合并后的基金抗风险能力,但如果按缴费率相加值的做法征收保费有可能同时会出现过度结余问题；另一方面，两险合并是在"全面二孩"政策出台背景下实施的，如果"全面二孩"政策得到有效实施，势必会给生育保险的基金支出带来较大的冲击，亦会对两险合并后的基金总量造成影响。基于这两个问题考虑就产生了一个矛盾，即合并实施后的基金可能存在过多结余，又有可能因为"全面二孩"政策导致基金出现长期赤字。基金结余过多与社会保险建立的初衷相违背，容易导致民众产生不满的情绪；而基金长期赤字则难以保持社会保险的继续运行。因此，在对两险合并后基金收支情况进行科学预测的同时，还应通过管理手段保障基金的可持续性和制度的可持续发展，增强基金的抗风险能力。

（五）合理投资结余基金

由于人口老龄化进程的加快以及"全面二孩"政策的实施，医保基金收入放缓，支出加速，易导致基金赤字。根据医保基金测算结果可知，医保基金在 2033 年可能将不具备支付能力，因此要盘活医保结余基金。一方面，需拓宽投资渠道，医保基金投资可借鉴养老基金，运用现代化的投资理论，对医保基金进行资产配置管理，将投资渠道涉足现代金融多个方面。另一方面，现行的医保基金的筹集和支付基本都是由各级医保基金管理中心负责，并与相关财政部门共同负责医保基金的投资管理。由于缺乏专业的金融知识与投资经验，这些部门不敢也不能对医保基金进行投资管理，只能任由其贬值。因此，要想对医保结余基金进行专业投资管理，需聘请经验丰富的基金管理人或基金托管人，同时需要提高并统一医保统筹层次，将医保基金集中管理，进而进行专业化管理与投资。

五、全方位推动制度可持续发展

为推动制度的可持续发展，我们需要采取渐进式的动态发展策略和多方参与的协同推进战略，并高度重视政策发展的内外部环境。要立足实际、大胆尝试、小心试错、逐步推进，对现存的和工作中可能遇到的现实问题，要逐步调整，减少阻力。同时，还要兼顾各个参与主体的利益关系，调动各方的积极性和主动性，加强营造宣传和科普环境，激发政策合力，最终实现政策的效用最大化，此外，还要及时根据内外部环境的变化做出调整，适应当期发展的现实需要，杜绝单一冒进式发展，促进社会保险制度建设资源的有效利用。

（一）制定渐进式的动态发展策略

两险合并实施工作的开展本身就是一个从局部城市试点到全国范围推

广的渐进式发展过程,在开展过程中要不断校正错误、总结经验,不断完善发展,为政策实施注入新的生机和活力。两险合并实施的优化方案要继续坚持渐进式的发展策略,对于改革过程中出现的问题要逐步解决,例如生育津贴的过度发放和"全面二孩"政策可能产生的保险基金支出规模异常增长等问题,要采取妥善的应对策略,保障基金使用安全和可持续。两险合并实施的运作管理制度建设不可能一蹴而就,各项制度在融合的过程中依然可能出现诸多不适应性,例如部分城市两险统筹层次不一,信息沟通不畅等,需要逐步调整到位,减少融合阻力。

(二) 构建多方参与的协同推进战略

两险合并实施工作涉及多个参与主体,包括政府部门、参保企业单位和个人,各方的利益诉求存在差异,导致各方参与政策施行的主动性和行动力存在差异,而且牵扯的政府部门主体多元,也存在一定的利益差别,可能会削弱政策执行的效力。任何政策的施行都不是单个主体的单兵前进,需要多个主体共同参与、协同推进,才能形成最大的政策合力;政策目标的实现不是某个方面的单独发展,需要整体协调的综合效用共同实现。

所以,在两险合并实施过程中,要妥善处理好参与主体的利益关系,争取兼顾各方利益,利用多种渠道和手段增强各个政策主体参与的积极性和主动性。比如,政策要求参加城镇职工基本医疗保险的所有职工都必须参加生育保险,与目前两险参与率存在显著差异的现实情况有一定的冲突,会造成企业因为社会保险缴费压力增大而逃保或者辞退政策受益员工的现象。在这种情况下,政府可以通过强化立法、给予参与企业一定的税费减免等强制和鼓励手段规范企业行为,调动企业参与制度建设的积极性。在对各参与主体采取鼓励和强制手段的同时,要注重政策外部环境的营造,注重政策施行的宣传和知识普及,增强参与主体对政策本身的认可度和参与政策建设的积极性。对于吸收大量就业且成本压力过大的小微企业,政府可在费率上或财政上进行倾斜或扶持,以保证小微企业的正常运转。

(三) 重视政策发展的内外部环境

两险合并实施是我国基本社会保障体系建设的重要举措之一,面临复杂的内外部环境,需要根据内外部环境的变化及时做出调整,适应当期发展的现实需要。两险合并实施过程中,首先要关注经济环境的变化。我国长期坚持以经济建设为中心,政策发展的经济环境会对政策改革的方向产生重要影响。目前我国的经济增速放缓,不宜过度加重企业和个人的缴费负担,否则会影响企业的发展活力。所以,可以适当考虑在两险合并保险基金池扩大带来基金结余过多的情况下,适度下调保险缴费标准,为企业发展减负,当社会经济和企业发展达到一定规模时再及时调整相应缴费标准。

同时,要重点关注人口政策的变化。我国的生育保险政策长期与计划生育的人口政策紧密关联,在保障保险基金可承受的情况下适度提升生育保险的相关待遇标准,鼓励"全面二孩""三孩"人口政策顺利开展,造成的资金缺口可以通过国家财政和社会渠道弥补。此外,多层次社会保障体系建设的逐步深化和拓展也需要重点关注,要注重体系建设中各个主体的协调统一和共同政策目标的实现,不能进行单一冒进式发展,以促使社会保障制度建设的各种资源得到有效利用。

参考文献

[1] ADDATI L. Extending maternity protection to all women: trends, challengs and opportunities[J]. International social security review, 2015, 68(01): 69 - 93.

[2] AIDUKAITE J. The formation of social insurance institutions of the Baltic States in the post-socialist era[J]. Journal of european social policy, 2006, 16(03): 259 - 270.

[3] AVERETT S L, WHITTINGTON L A. Does maternity leave induce births? [J]. Southern economic journal, 2001, 68(02): 403 - 417.

[4] BAKER M, MILLIGAN K. How does job-protected maternity leave affect mothers' employment and infant health[J]. Journal of labor economics, 2008, 26(04): 655 - 691.

[5] BASSO A, BODENHORN H, CUBERES D. Fertility and financial development: evidence from US counties in the 19th century[R]. National bureau of economic research, 2014.

[6] BITINAS A. The complexity of the modern French social insurance system[J]. Review of economics and commerce, 2014, 49 (04): 69 - 88.

[7] BOGG L, DIWAN V, VORA K S, et al. Impact of alternative maternal demand-side financial support programs in India on the caesarean section rates: indications of supplier-induced demand[J]. Maternal and child health journal, 2016, 20(01): 11 - 15.

[8] BRÜGGENJÜRGEN B. Prevention and private health insurance[J]. Deutsche medizinische wochenschrift, 2011, 136(05): 218 - 222.

[9] CASAS L, HERRERA T. Maternity protection vs. maternity rights for working women in Chile: a historical review[J]. Reproductive health matters, 2012, 20(40): 39 - 147.

［10］ CASTBERG J. The children's rights laws and maternity insurance in Norway[J]. Journal of the society of comparative legislation，1916，16(02)：283 - 299.

［11］ CHOI H. The effects of maternity leave benefits on labor market outcomes[J]. Seoul journal of economics，2003,16(04)：461 - 489.

［12］ DANHAUSEN K，JOSHI D，QUIRK S，et al. Facilitating access to prenatal care through an interprofessional student-run free clinic[J]. Journal of midwifery & women's health，2015，60(03)：267 - 273.

［13］ DIAMOND P A，ORSZAG P R. A summary of saving social security：a balanced approach[J]. SSRN electronic journal，2004，2(01)：1 - 9.

［14］ EARLES K. The politics of parental leave policies：children，parenting，gender and the labour market［J］. International sociology，2012，27(02)：277 - 280.

［15］ EUGSTER B，LALIVE R，STEINHAUER A，et al. The demand for social insurance：does culture matter?［J］. The economic journal，2011，121(556)：413 - 448.

［16］ FALLON K M，SWISS L，VITERNA J. Resolving the democracy paradox：democratization and women's legislative representation in developing nations，1975 to 2009[J]. American sociological review，2012，77(03)：380 - 408.

［17］ FAWSITT C G，BOURKE J，LUTOMSKI J E，et al. What women want：exploring pregnant women's poreferences for Aaternative models of maternity care［J］. Health policy，2017，121（01）：66 - 74.

［18］ FOX J. The hidden role of cost：medicare decisions, transparency, and public trust[J]. University of cincinnati law review，2010，79(01)：1 - 51.

［19］ GLAUBER R，YOUNG J R. On the fringe：family-friendly benefits and the rural-urban gap among working women[J]. Journal of family & economic issues，2015，36(01)：97 - 113.

［20］ GUENDELMAN S，GOODMAN J，KHARRAZI M，et al. Work-family balance after childbirth：the association between employer-offered leave characteristics and maternity leave duration［J］.

Maternal and child health journal, 2014, 18(01): 200 – 208.

[21] HILL H D. Welfare as maternity leave? exemptions from welfare work requirements and maternal employment [J]. Social service review, 2012, 86(01): 37 – 67.

[22] HOUWELING T A, RONSMANS C, CAMPBELL O M, et al. Huge poor-rich inequalities in maternity care: an international comparative study of maternityand child care in developing countries [J]. Bull world health organization, 2007, 85(10): 745 – 754.

[23] JINPING X. Hallow on significance of maternity insurance actuarial and characteristics of the system in our country[J]. International business and management, 2015, 11(01): 41 – 45.

[24] KELST L V, SPITZ B, SERMEUS W, et al. Student midwives' views on maternity care just before their graduation[J]. Journal of advanced nursing, 2013, 69(03): 600 – 609.

[25] KYOMUHENDO G B. Low use of rural maternity services in uganda: impact of women's status, traditional beliefs and limited resources[J]. Reproductive health matters, 2003, 11(21): 16 – 26.

[26] LAI Y C, MASTERS S. The effects of mandatory maternity and pregnancy benefits on women's wages and employment in Taiwan, 1984 – 1996[J]. Industrial and labor relations review, 2005, 58(02): 274 – 281.

[27] LAROQUE G, SALANIÉ B. Does fertility respond to financial incentives? [J]. Social science electronic publishing, 2008, 36(06): 1265 – 1266.

[28] LAWRENCE M, BERGER, WALDFOGEL J. Maternity leaveand the employment of new mothers in the United States[J]. Journal of population economics, 2004, 17(2): 331 – 349.

[29] LEJEUNE C, FONTAINE A, CRENN-HEBERT C, et al. Medical outcomes and social management of pregnant women without health insurance[J]. Journal de gynecologie obstetrique et biologie de la reproduction, 1998, 27(08): 772 – 781.

[30] LIU T C, CHEN B, CHAN Y S, et al. Does prenatal care benefit maternal health? A study of post-partum maternal care use[J]. Health policy, 2015, 119(10): 1382 – 1389.

［31］MAYHEW L. Health and elderly care expenditure in an aging world（RR－00－21）［R］. International institute for applied systems analysis，2000.

［32］MESA-LAGO C. Social insurance（pensions and health），labour markets and coverage in latin america［M］. Financing social policy. London：Palgrave Macmillan，2009.

［33］PERUSSE D. New maternity and parental benefits［J］. Perspectives on labor and income，2003，4（03）：1－4.

［34］PHIPPS S A. maternity and parental benefits in Canada：Are there behavioural implications?［J］. Canadian public policy，2000，26（04）：415－436.

［35］ROSSIN-SLATER M. Maternity and family leave policy［R］. National bureau of economic research，2017.

［36］SABIK L M，LAUGESEN M J. The impact of maternity length-of-stay mandates on the labor market and insurance coverage［J］. Inquiry：a journal of medical care organization，provision and financing，2012，49（01）：37－51.

［37］SALANKAR K，SALVE S A. Maternity benefits act 1961：unfinished agenda［J］. Review of HRM，2013，（02）：181－188.

［38］SUSAN C，ANNIE L. Migrant polish women overcoming communication challenges in scottish maternity services：a qualitative descriptive study［J］. Midwifery，2019，（72）：30－38.

［39］VERE J P. "Having it all" no longer：fertility，female labor supply，and the new life choices of generation X［J］. Demography，2007，44（04）：821－828.

［40］ZHEN W Z，MENG H Z. The fertility decline and the transformation of economic development model［J］. Population ＆ Economics，2013，（01）：3－9.

［41］安妮,张晓蕾,周绿林,等. 生育保险与职工基本医疗保险合并实施试点的现状及问题分析［J］. 中国卫生经济,2019,38(03):31－34.

［42］安妮,周绿林,詹长春. 两险合并实施可行［J］. 中国社会保障,2017,(06):41.

［43］安妮,周绿林,张心洁,等. 生育保险与职工基本医疗保险合并实施效果评价指标体系构建［J］. 中国卫生经济,2019,38(03):27－30.

[44] 巴豫婷,江昱倩,石雨莎,等. 新形势下中外生育保险制度对比研究[J]. 劳动保障世界,2017,(06):22.

[45] 贝弗里奇. 贝弗里奇报告[M]. 社会保险研究所,译. 北京:中国劳动社会保障出版社,2008.

[46] 陈金甫. 将基金平衡视为制度生命的血压[J]. 中国医疗保险,2011(03):10-11.

[47] 陈宁."全面两孩"政策背景下计划生育利益导向政策的完善[J]. 人口与社会,2017,33(02):94-101.

[48] 陈智明. 医疗保险学概论[M]. 北京:海天出版社,1995.

[49] 程晓明. 医疗保险学[M]. 上海:复旦大学出版社,2003.

[50] 戴睿琦,罗娟. 生育保险和基本医疗保险合并实施的可行性分析[J]. 上海工程技术大学学报,2017,31(04):379-382.

[51] 邓大松,杨红燕. 老龄化趋势下基本医疗保险筹资费率测算[J]. 财经研究,2003,48(12):39-44.

[52] 董艾轩. 公平视角下对生育保险与医疗保险整合的思考[J]. 劳动保障世界,2017(21):10.

[53] 盖根路,向宗平. 关于生育保险与基本医保合并实施的思考[N]. 中国劳动保障报,2016-05-10(003).

[54] 何盛明. 财经大辞典[M]. 北京:中国财政经济出版社,1990.

[55] 何文炯,杨一心,王璐莎,等. 中国生育保障制度改革研究[J]. 浙江大学学报(人文社会科学版),2014,44(04):5-18.

[56] 胡耀岭. 我国计划生育家庭奖励扶助标准及其测算研究[J]. 河北大学学报(哲学社会科学版),2018,43(01):134-144.

[57] 黄国武,俞央央. 基金收支平衡下生育保险并入医疗保险的发展路径研究[J]. 保险研究,2017,(12):29-36.

[58] 冀永强. 层次分析法(AHP)权重向量计算及其应用分析[J]. 中国市场,2015(52):47-49.

[59] 姜珊,于水. 生育保险与医疗保险合并实施的合理性探究[J]. 中国管理信息化,2018,21(07):171-172.

[60] 蒋永萍. 社会性别视角下的生育保险制度改革与完善——从《生育保险办法(征求意见稿)》谈起[J]. 妇女研究论丛,2013(01):47-52,71.

[61] 康春华. 生育保险纳入医疗保险的探讨[J]. 人才资源开发,2016(11):32-33.

[62] 邝利芬,程同顺."全面二孩"生育政策下女性基本权利的保障——基

于性别公正的视角[J].天津行政学院学报,2016(18):63-68.

[63] 雷红,杨友龙.寻找"两险"合并实施的切入点[J].中国社会保障,2016(05):77-78.

[64] 雷蒙.生育保险法律制度研究[D].沈阳:辽宁大学,2016.

[65] 黎建飞.我国生育保险的立法进程与完善[J].河南省政法管理干部学院学报,2010(05):155-164.

[66] 黎民.公共管理学[M].北京:高等教育出版社,2016.

[67] 李芳凡,杨超柏.试论生育保险与医疗保险的合并[J].卫生经济研究,2017(05):50-53.

[68] 李莉.我国生育保险制度改革及其走向研究[D].北京:对外经济贸易大学,2018.

[69] 李倩.关于生育与医疗保险制度整合的思考[J].天津社会保险,2016(02):16-17.

[70] 李琴霞.生育保险与医疗保险合并实施的合理性探究[J]大众投资指南,2020(17):40-41.

[71] 李秋俞.生育保险并入城镇职工基本医疗保险后基金收支平衡测算——以重庆为例[D].成都:西南财经大学,2019.

[72] 李娅雯.生育保险与医疗保险整合中的基金平衡机制及风险控制研究[D].镇江:江苏大学,2018.

[73] 李英锋.生育医疗保险合并扩容应留出"自愿选项"[N].中国妇女报,2016-12-08(A03).

[74] 李云娅.泉州市生育医疗保险制度整合研究[D].泉州:华侨大学,2013.

[75] 连瑞瑞.综合性国家科学中心管理运行机制与政策保障研究[D].合肥:中国科学技术大学,2019.

[76] 梁艳华,李菲菲,王传华.将生育保险纳入医疗保险之中的可行性分析[J].劳动保障世界(理论版),2012(09):48-51.

[77] 卢纯佶,程琳敏.生育保险与基本医疗保险合并实施的思考[J].中国人力资源社会保障,2016(12):34-35.

[78] 罗丽媛,张帆.生育保险与基本医疗保险合并实施研究[J].广西质量监督导报,2019(05):196.

[79] 孟庆木,乔见.生育保险与医疗保险整合正当时[J].中国社会保障,2016(05):79-80.

[80] 潘锦棠.生育保障全覆盖的两种设想[J].中国社会保障,2010(08):

20 - 21.

[81] 亓栋. 生育保险并入医疗保险的可行性研究[D]. 蚌埠:安徽财经大学,2016.

[82] 秦智娟. 生育保险和基本医疗保险合并优势及问题[J]. 今日财富(中国知识产权),2020(04):83 - 84.

[83] 申曙光,侯晓娟. 我国社会医疗保险制度的"碎片化"与制度整合[J]. 广东社会科学,2012(03):19 - 25.

[84] 施言. 基金长期平衡制度方可持续——"医疗保险基金平衡机制和风险控制"结题与研讨会综述[J]. 中国医疗保险,2012(08):30 - 31.

[85] 实施全面两孩政策对家庭教育的影响调查报告(二)[J]. 家庭教育:中小学版,2017(06):46 - 47.

[86] 实施全面两孩政策对家庭教育的影响调查报告(一)[J]. 家庭教育:中小学版,2017(05):44 - 46.

[87] 世界卫生组织. 2010 年世界卫生报告[EB/OL]. https://www.who.int/whr/2010/zh/.

[88] 宋露露. 生育保险和医疗保险一体化研究[D]. 福州:福建农林大学,2017.

[89] 苏保忠,张正河. 公共管理学[M]. 北京:北京大学出版社,2004.

[90] 覃成菊,张一名. 我国生育保险制度的演变与政府责任[J]. 中国软科学,2011(08):14 - 20.

[91] 唐钧. 生育保障是全民族的大事[J]. 中国社会保障,2010(08):25.

[92] 庹国柱,蒋菲. 社保基金筹资模式与投资运用问题的探讨[J]. 人口与经济,2008(05):55 - 60.

[93] 万晓霞,王洪艳,刘小青,等. 生育保险与职工医保合并实施的基金支出风险研究——以南昌市为例[J]. 中国医疗保险,2019(01):20 - 23.

[94] 王成龙. 合肥市生育保险与职工基本医疗保险合并实施研究[D]. 合肥:安徽大学,2018.

[95] 王东进. 读懂生育保险与基本医疗保险合并实施[J]. 中国医疗保险,2017(04):1 - 3.

[96] 王丽彬. 浅析职工生育保险和基本医疗保险合并实施的合理性[J]. 人才资源开发,2016(14):185.

[97] 王敏. 泸州市生育保险与基本医疗保险合并实施研究[J]. 四川劳动保障,2017(S1):32 - 35.

[98] 王巍. 我国生育保险法律制度研究[D]. 兰州:兰州商学院,2013.

[99] 王笑影.两险合并后完善烟台市生育保险制度的思考[J].中国市场，2020(25):33-34.

[100] 乌日图.医疗保障制度国际比较[M].北京:化学工业出版社,2003.

[101] 吴红卫.生育保险并入基本医疗保险对基本医疗保险基金产生的风险[J].财会月刊(下),2018(06):153-159.

[102] 吴雯哲.二孩政策影响下生育、医疗保险合并探究[J].山东人力资源和社会保障,2018(12):16-18.

[103] 肖钰娟,龚小菲.两险合并需走可持续之路[J].中国社会保障,2019(05):80-81.

[104] 徐琳.生育医疗费用保障待遇研究[D].杭州:浙江大学,2013.

[105] 阎彦.解析生育保险与医疗保险的合并[J].现代国企研究,2019(12):105.

[106] 杨芳.全面放开二孩政策背景下我国生育保险制度改革研究[D].北京:对外经济贸易大学,2018.

[107] 杨燕绥,刘跃华.生育保险并入基本医疗保险的问题研究[J].中国人力资源社会保障,2016(12):31-33.

[108] 殷俊,田勇,薛惠元.全面二孩、延迟退休对职工医保统筹基金收支平衡的影响——以生育保险和职工医保合并实施为背景[J].统计与信息论坛,2019,34(05):60-68.

[109] 余敢华.AHP方法的改进及其应用[D].海口:海南师范大学,2017.

[110] 袁涛,王飞跃,王敏.生育保险并入医疗保险的可行性研究——基于2015年统计数据测算[J].社会保障研究(北京),2017,25(01):126-134.

[111] 远峰.也谈谈医疗保险与生育保险合并[J].天津社会保险,2016(01):47-48.

[112] 曾飘.生育保险与职工医保合并实施的难点与对策[J].改革与开放,2017(16):77-79.

[113] 曾益,凌云,张心洁."全面二孩"政策对城镇职工医保统筹基金的影响:改善抑或恶化[J].上海财经大学学报,2017(05):52-63.

[114] 詹长春,李娅雯,路洲臣.全面二孩政策下生育保险与医疗保险整合中的基金平衡机制研究[J].经济经纬,2018,35(03):153-159.

[115] 张翠娥,杨政怡.我国生育保险制度的发展历程与改革路径——基于增权视角[J].卫生经济研究,2013(01):23-27.

[116] 张盼,周绿林,张笑天.生育保险基金收支平衡的影响因素分析——

以江苏省为例[J].行政事业资产与财务,2017(19):29-32.

[117] 张威琳.生育津贴立法的精细化研究[D].上海:华东政法大学,2014.

[118] 张心洁,周绿林,曾益.生育政策调整对城乡居民医疗保险财政负担的影响研究[J].财政研究,2017(10):76-91.

[119] 张永英,李线玲.新形势下进一步改革完善生育保险制度探讨[J].妇女研究论丛,2015(06):41-46.

[120] 郑秉文.中国社保"碎片化制度"危害与"碎片化冲动"探源[J].甘肃社会科学,2009(03):50-58.

[121] 朱海龙.老年社会下我国医保基金风险问题研究[J].甘肃社会科学,2017(05):191-195.

[122] 邹艳晖.国外生育保险制度对我国的启示[J].济南大学学报(社会科学版),2012,22(06):65-68,89.

附录一 指标权重表

泰州市两险合并实施试点效果
评价指标体系指标权重表

尊敬的专家：

您好！衷心感谢您抽出宝贵的时间填写此表！

在您的帮助与支持下，我们顺利完成了泰州市两险合并实施试点效果评价指标体系的筛选工作，现需要采用层次分析法确定指标的权重。请您根据各项指标的相对重要程度，对指标体系进行打分。您的意见对该指标权重的确定非常重要。

在层次分析法的应用中，第一步也是最关键的一步，是衡量指标之间的相对重要程度。运用矩阵表示时，需要对矩阵中的所有元素进行两两对比打分，具体评分原则见表1。

表1 层次分析法判断矩阵赋值及其含义

两指标相比较	X_{ij}赋值	两指标相比较	X_{ij}赋值
i 与 j 同等重要	1	i 比 j 稍微不重要	1/3
i 比 j 稍微重要	3	i 比 j 明显不重要	1/5
i 比 j 明显重要	5	i 比 j 非常不重要	1/7
i 比 j 非常重要	7	i 比 j 绝对不重要	1/9
i 比 j 绝对重要	9	介于以上相邻不重要程度之间	1/2、1/4、1/6、1/8
介于以上相邻重要程度之间	2、4、6、8	—	—

以一级指标为例，假如某位专家认为下列指标中：

"公平指标"相对于"效率指标"稍微重要，则在表格中"公平指标"与"效率指标"交汇处填 3；

"效率指标"相对于"质量指标"同等重要，则在表格中"效率指标"与"质量指标"交汇处填 1；

"质量指标"相对于"可持续性指标"明显不重要，则在表格中"质量指标"与"可持续性指标"交汇处填 1/5。

则有该专家一级指标层次分析法打分结果如表 2（举例）

表 2　一级指标层次分析法打分结果（横线部分不需要填写）

	公平	效率	质量	可持续性
公平	1	—	—	—
效率	3	1	—	—
质量	1	1	1	—
可持续性	2	1/3	1/5	1

表 3　一级指标层次分析法打分表（横线部分不需要填写）

	公平	效率	质量	可持续性
公平	1	—	—	—
效率	—	1	—	—
质量	—	—	1	—
可持续性	—	—	—	1

表 4　公平维度中二级指标层次分析法打分表（横线部分不需要填写）

	参保	定点机构	筹资
参保	1	—	—
定点机构	—	1	—
筹资	—	—	1

表 5　效率维度中二级指标层次分析法打分表（横线部分不需要填写）

	保险基金	医疗资源	经办机构管理
保险基金	1	—	—
医疗资源	—	1	—
经办机构管理	—	—	1

表 6　质量维度中二级指标层次分析法打分表(横线部分不需要填写)

	参保人保障水平	保险机构服务	公众认知度
参保人保障水平	1	—	—
保险机构服务	—	1	—
公众认知度	—	—	1

表 7　可持续性中二级指标层次分析法打分表(横线部分不需要填写)

	基金稳定性	经济适应性	社会支持度
基金稳定性	1	—	—
经济适应性	—	1	—
社会支持度	—	—	1

表 8　参保中三级指标层次分析法打分表(横线部分不需要填写)

	生育保险参保人数	职工医疗保险参保人数
生育保险参保人数	1	—
职工医疗保险参保人数	—	1

表 9　定点机构中三级指标层次分析法打分表(横线部分不需要填写)

	定点医疗机构覆盖率	定点生育机构覆盖率
定点医疗机构覆盖率	1	—
定点生育机构覆盖率	—	1

表 10　筹资中三级指标层次分析法打分表(横线部分不需要填写)

	职工实际筹资负担率	医疗保险负担系数	在职职工缴费筹资总额
职工实际筹资负担率	1	—	—
医疗保险负担系数	—	1	—
在职职工缴费筹资总额	—	—	1

表 11　保险基金中三级指标层次分析法打分表(横线部分不需要填写)

	基金使用率	基金筹集率
基金使用率	1	—
基金筹集率	—	1

表 12　医疗资源中三级指标层次分析法打分表(横线部分不需要填写)

	在一级医疗机构享受生育保险与职工医保待遇人次数比值	在二级医疗机构享受生育保险与职工医保待遇人次数比值	在三级医疗机构享受生育保险与职工医保待遇人次数比值	享受生育待遇中"二孩"与新生儿人数比值	在职员工享受医疗服务人次数占享受医疗服务总人次数比例	退休人员享受医疗待遇人次数占享受医疗服务总人次数比例
在一级医疗机构享受生育保险与职工医保待遇人次数比值	1	—	—	—	—	—
在二级医疗机构享受生育保险与职工医保待遇人次数比值	—	1	—	—	—	—
在三级医疗机构享受生育保险与职工医保待遇人次数比值	—	—	1	—	—	—
享受生育待遇中"二孩"与新生儿人数比值	—	—	—	1	—	—
在职员工享受医疗服务人次数占享受医疗服务总人次数比例	—	—	—	—	1	—
退休人员享受医疗待遇人次数占享受医疗服务总人次数比例	—	—	—	—	—	1

表 13 经办机构管理中三级指标层次分析法打分表(横线部分不需要填写)

	经办人员年人均承担参保人数	经办信息系统满足工作需求程度	参保人柜面办理业务平均等待时间	柜面办理业务量	线上办理业务量	管理费用支出	保险机构经办人员积极性	即时结算实现率
经办人员年人均承担参保人数	1	—	—	—	—	—	—	—
经办信息系统满足工作需求程度	—	1	—	—	—	—	—	—
参保人柜面办理业务平均等待时间	—	—	1	—	—	—	—	—
柜面办理业务量	—	—	—	1	—	—	—	—
线上办理业务量	—	—	—	—	1	—	—	—
管理费用支出	—	—	—	—	—	1	—	—
保险机构经办人员的积极性	—	—	—	—	—	—	1	—
即时结算实现率	—	—	—	—	—	—	—	1

表 14 参保人保障水平中三级指标层次分析法打分表(横线部分不需要填写)

	人均生育津贴	生育医疗费用负担比重	个人医疗费用负担比重
人均生育津贴	1	—	—
生育医疗费用负担比重	—	1	—
个人医疗费用负担比重	—	—	1

表 15 保险机构服务中三级指标层次分析法打分表(横线部分不需要填写)

	参保单位对医保管理与服务满意度	参保人对医保管理与服务满意度	定点医药机构对医保管理与服务满意度
参保单位对医保管理与服务满意度	1	—	—
参保人对医保管理与服务满意度	—	1	—
定点医药机构对医保管理与服务满意度	—	—	1

表 16 公众认知度中三级指标层次分析法打分表(横线部分不需要填写)

	参保单位对两险合并实施政策了解程度	参保人对两险合并实施政策了解程度	灵活就业人员对两险合并实施政策了解程度
参保单位对两险合并实施政策了解程度	1	—	—
参保人对两险合并实施政策了解程度	—	1	—
灵活就业人员对两险合并实施政策了解程度	—	—	1

表 17 基金稳定性中三级指标层次分析法打分表(横线部分不需要填写)

	基金当期结余率	基金累计结余	统筹基金人均累计结余与上年度当地职工人均收入比值	统筹基金余额的长期平衡性	统筹基金的共济性	统筹基金的动态适应性
基金当期结余率	1	—	—	—	—	—
基金累计结余	—	1	—	—	—	—
统筹基金人均累计结余与上年度当地职工人均收入比值	—	—	1	—	—	—
统筹基金余额的长期平衡性	—	—	—	1	—	—
统筹基金的共济性	—	—	—	—	1	—
统筹基金的动态适应性	—	—	—	—	—	1

表18 经济适应性中三级指标层次分析法打分表(横线部分不需要填写)

	人均保险费用支出的增长率与当地人均 GDP 增长率比值	参保人均保费支出占当地人均收入比例
人均保险费用支出的增长率与当地人均 GDP 增长率比值	1	—
参保人均保费支出占当地人均收入比例	—	1

表19 社会支持度中三级指标层次分析法打分表(横线部分不需要填写)

	社会人员对两险合并实施政策支持度	医疗机构对两险合并实施政策支持度	参保单位对两险合并实施政策支持度	保险经办人员对两险实施合并政策支持度
社会人员对两险合并实施政策支持度	1	—	—	—
医疗机构对两险合并实施政策支持度	—	1	—	—
参保单位对两险合并实施政策支持度	—	—	1	—
保险经办人员对两险合并实施政策支持度	—	—	—	1

附录二　调查问卷

两险合并实施问卷调查一（保险经办人员）

为更多了解生育保险与职工基本医疗保险合并的实施情况，现对保险经办人员进行问卷调查（保险经办人员是指办理生育保险和职工基本医疗保险业务的工作人员）。为了保证调查结果的准确性，请您如实回答所有问题。您的回答对于我们得出的结论很重要，希望得到您的配合和支持。

1. 您的工作单位是

2. 您对两险合并实施政策的了解情况是
   A. 非常了解　　　　　B. 比较了解　　　　　C. 一般
   D. 不了解　　　　　　E. 非常不了解

3. 您对两险合并实施政策的支持程度是
   A. 非常支持　　　　　B. 比较支持　　　　　C. 一般
   D. 不支持　　　　　　E. 非常不支持

4. 两险合并实施后您的工作量
   A. 增加　　　　　　　B. 不变　　　　　　　C. 减少

5. 两险合并实施政策的实施对您工作效率的影响是
   A. 极大程度提高工作效率　　　B. 较大程度提高工作效率
   C. 较小程度提高工作效率　　　D. 极大程度降低工作效率
   E. 较大程度降低工作效率　　　F. 较小程度降低工作效率
   G. 没有影响

6. 信息系统是否能满足您的工作需要
   A. 非常满足　　　　　B. 比较满足　　　　　C. 一般
   D. 不满足　　　　　　E. 非常不满足

7. 两险合并实施政策的实施是否提高了您的工作积极性

    A. 是   B. 否

8. 您对两险合并实施的建议：

两险合并实施问卷调查二（参保单位经办人员）

为更多了解生育保险与职工基本医疗保险合并的实施情况，现对参保单位经办人员（参保单位经办人员是指参加生育保险和职工基本医疗保险的单位中负责办理生育保险和职工基本医疗保险业务的工作人员）进行问卷调查。为了保证调查结果的准确性，请您如实回答所有问题。您的回答对于我们得出的结论很重要，希望得到您的配合和支持。

1. 您办理业务是
   A. 医疗保险报销　　　　　　　B. 生育医疗费用报销
   C. 生育津贴报销　　　　　　　D. 缴纳社保
   E. 咨询　　　　　　　　　　　F. 其他（请填写：　　　　　）
2. 您办理业务的等待时间是
   A. 小于等于 5 分钟　　　　　　B. 6—10 分钟
   C. 11—15 分钟　　　　　　　　D. 16—20 分钟
   E. 20 分钟以上
3. 您对两险合并实施政策的了解情况是
   A. 非常了解　　　　B. 比较了解　　　　C. 一般
   D. 不了解　　　　　E. 非常不了解
4. 您获取两项合并政策的渠道是
   A. 新闻　　　　　　B. 广播　　　　　　C. 报纸
   D. 网络（微信公众号、网页推送、微博等）
   E. 单位、社保部门或社区的宣传
   F. 听他人说的
   G. 发现不同后询问单位或社保部门等得知
   H. 在此之前没有听说过
5. 您认为两险合并实施后生育待遇水平的变化是
   A. 升高　　　B. 不变　　　C. 降低　　　D. 不清楚
6. 您对两险合并实施政策的支持程度是
   A. 非常支持　　　　B. 比较支持　　　　C. 一般
   D. 不支持　　　　　E. 非常不支持
7. 您对医保管理与服务工作的满意程度是
   A. 非常满意　　　　B. 比较满意　　　　C. 一般
   D. 不满意　　　　　E. 非常不满意

8. 两险合并实施后您的工作量

    A. 增加   B. 不变   C. 减少

9. 两险合并实施政策的实施对您工作效率的影响是

    A. 极大程度提高工作效率   B. 较大程度提高工作效率

    C. 较小程度提高工作效率   D. 极大程度降低工作效率

    E. 较大程度降低工作效率   F. 较小程度降低工作效率

    G. 没有影响

10. 您对两险合并实施的建议：

两险合并实施问卷调查三（参保人）

为更多了解生育保险与职工基本医疗保险合并的实施情况，现对参保人进行问卷调查。为了保证调查结果的准确性，请您如实回答所有问题。您的回答对于我们得出的结论很重要，希望得到您的配合和支持。

1. 您办理业务是
    A. 医疗保险报销　　　　　　　B. 生育医疗费用报销
    C. 生育津贴报销　　　　　　　D. 缴纳社保
    E. 咨询　　　　　　　　　　　F. 其他（请填写：　　　　）
2. 您或您的配偶是属于
    A. 在职女职工
    B. 失业期间领取失业金的女职工
    C. 灵活就业人员（女）
    D. 男职工未就业配偶
3. 您办理业务的等待时间是
    A. 小于等于 5 分钟　　　　　　B. 6—10 分钟
    C. 11—15 分钟　　　　　　　　D. 16—20 分钟
    E. 20 分钟以上
4. 您对两险合并实施政策的了解情况是
    A. 非常了解　　　　B. 比较了解　　　　C. 一般
    D. 不了解　　　　　E. 非常不了解
5. 您获取两项合并政策的渠道是
    A. 新闻　　　　　　B. 广播　　　　　　C. 报纸
    D. 网络（微信公众号、网页推送、微博等）
    E. 单位、社保部门或社区的宣传
    F. 听他人说的
    G. 发现不同后询问单位或社保部门等得知
    H. 在此之前没有听说过
6. 您认为两险合并实施后生育待遇水平的变化是
    A. 升高　　　B. 不变　　　C. 降低　　　D. 不清楚
7. 您对两险合并实施政策的支持程度是
    A. 非常支持　　　　B. 比较支持　　　　C. 一般
    D. 不支持　　　　　E. 非常不支持

8. 您对医保管理与服务工作的满意程度是
   A. 非常满意　　　　　B. 比较满意　　　　　C. 一般
   D. 不满意　　　　　　E. 非常不满意

9. 您对两险合并实施的建议：

两险合并实施问卷调查四（医疗服务机构经办人员）

为更多了解生育保险与职工基本医疗保险合并的实施情况，现对医疗服务机构经办人员（医疗服务机构经办人员是指医疗服务机构负责办理生育保险和职工基本医疗保险业务的工作人员）进行问卷调查。为了保证调查结果的准确性，请您如实回答所有问题。您的回答对于我们得出的结论很重要，希望得到您的配合和支持。

1. 您的工作单位是
   A. 一级医疗机构　　　　B. 二级医疗机构　　　　C. 三级医疗机构
2. 您对两险合并实施政策的了解情况是
   A. 非常了解　　　　　　B. 比较了解　　　　　　C. 一般
   D. 不了解　　　　　　　E. 非常不了解
3. 您对两险合并实施政策的支持程度是
   A. 非常支持　　　　　　B. 比较支持　　　　　　C. 一般
   D. 不支持　　　　　　　E. 非常不支持
4. 您对医保管理与服务工作的满意程度是
   A. 非常满意　　　　　　B. 比较满意　　　　　　C. 一般
   D. 不满意　　　　　　　E. 非常不满意
5. 两险合并实施后您的工作量
   A. 增加　　　　　　　　B. 不变　　　　　　　　C. 减少
6. 两险合并实施政策的实施对您工作效率的影响是
   A. 极大程度提高工作效率　　　　B. 较大程度提高工作效率
   C. 较小程度提高工作效率　　　　D. 极大程度降低工作效率
   E. 较大程度降低工作效率　　　　F. 较小程度降低工作效率
   G. 没有影响
7. 您对两险合并实施的建议：